초보사장
난생처음
세무서 가다

창업부터 각종 세금신고, 절세까지 **한 권으로 끝**

문상원 지음

제우미디어

초보사장 난생처음 세무서 가다
창업부터 각종 세금신고, 절세까지 한 권으로 끝

초판 1쇄 | 2004년 6월 20일
14판 1쇄 | 2024년 4월 3일

글쓴이 | 문상원
펴낸이 | 서인석
펴낸곳 | ㈜제우미디어
출판등록 | 제 3-429
등록일자 | 1992년 8월 17일
주소 | 서울시 마포구 독막로 76-1 한주빌딩 5층
전화 | 02-3142-6845
팩스 | 02-3142-0075
홈페이지 | www.jeumedia.com

ISBN 979-11-6718-418-4
값은 뒤표지에 있습니다.
파본은 구입하신 서점에서 교환해 드립니다.

| 만든 사람들 |
출판사업부총괄 | 김금남 **책임편집** | 민유경
기획팀 | 신은주, 장재경, 안성재, 최홍우 **제작** | 김용훈
외부기획 | 知와彩 유혜규
디자인 | 디자인수

세법을 아는 자가 창업에 성공한다

처음 책을 쓰기 시작할 무렵, 이미 우리나라는 청년실업과 조기 정년퇴임의 심각한 사회구조적 문제에 시달리고 있었습니다. 그 후 사상 유례없는 세계적인 경기침체가 가속화되면서 상황은 더욱 악화되었습니다. 일자리를 찾지 못해 거리를 헤매는 실업자 수는 더욱 늘어났고, 기업에서 퇴출되는 시기는 더욱 앞당겨졌습니다.

안정적인 일자리를 찾을 수도, 보장받을 수도 없는 서글픈 현실 속에서 수많은 사람들이 마지막 비상구처럼 '창업'에 도전하는 것은 당연한 일입니다. 30~40대 창업은 물론 20대 젊은이, 주부들까지 창업 전선에 가세하고 있습니다.

하지만 창업은 열정적인 가슴만으로 가능한 것이 아닙니다. 보다 철저한 준비를 해야만 머릿속에 그리던 꿈을 현실화시킬 수 있습니다. 아이템 선정과 시장조사도 중요하지만 실제로 창업을 하면 세금, 법률, 자금 등의 문제가 더 현실적으로 다가옵니다. 창업을 한 지 얼마 안 되는 초보사장들은 한결같이 각종 세금 문제 때문에 정작 사업에 전념할 시간이 없다는 하소연을 많이 합니다.

물론 우리나라 세법이 다소 복잡하고 어려운 부분이 있는 건 사실이지만 초보사장의 경우 세법을 일일이 다 알 필요가 없습니다. 기본적인 맥락만 충분히 숙지하고 있어도 사업을 효율적으로, 성공적으로 수행할 수 있습니다. 알고 나면 그리 어려울 것도, 복잡할 것도 없는 것이 세법입니다.

필자는 기본적인 세법에 대한 이해가 부족해 어렵게 시작한 사업을 접는 창업자들을 종종 봅니다. 부가세를 고려하지 않고 경쟁력을 높이기 위해 무조건 가격을 낮게 책정하였다가 남는 것이 없어 사업을 시작한 지 몇 달 되지도 않아 문을 닫아야 했던 분, 비용으로 인정받을 수 있는 영수증을 제대로 챙겨놓지 않아 소득세 폭탄을 맞아야 했던 분. 모두 세법에 대한 무지로 사업을 파국으로 몰고 간 안타까운 사례들입니다.

적어도 세법을 몰라 사업을 접는 분들이 없기를 바라는 마음에서 이 책을 출간했습니다. 창업을 하려는 분 또는 창업초기에 계시는 소상공인들을 대상으로 사업자라면 알아야 하는 세금전반에 관한 사항을 쉽게 이해할 수 있도록 정리하였습니다.

부족함이 많은 책인데도 불구하고 이 책을 통해 창업에 필요한 많은 정보를 얻었다고 격려해주는 독자 분들이 많아 민망하고 감사할 따름입니다. 꾸준히 이 책을 사랑해주시는 독자 분들의 호응에 보답하기 위해 매년 부족한 부분은 채우고, 달라진 부분은 수정한 개정판을 만들고 있습니다.

우후죽순처럼 생겼다가 이내 사라지는 회사가 많은 요즘 보다 철저히 준비한 자만이 창업에서 성공할 수 있다는 것을 다시 되새겨 드리고 싶으며 이 책이 미흡하나마 창업의 첫 단추를 제대로 채워줄 것을 기대합니다. 누군가

일자리 주기를 기다리지 않고 평생을 일할 수 있는 일터를 스스로 만들겠다고 나선 용감한 초보사장님들, 이 책이 그런 초보사장님들의 곁을 지키는 충직한 가이드가 될 수 있기를 소망합니다.

문상원

창업에 관한 위험한 오해들

마음 편히 일에만 전념할 수 있는 일터가 없습니다. 젊은 사람들은 대학을 졸업하고도 갈 데가 없다고 아우성이고, 아직 한참 더 일할 수 있는 40대들도 명예퇴직을 당할까 전전긍긍합니다.

일자리가 없으니 너도나도 창업 전선에 뛰어드는 것은 당연한 일입니다. 자발적으로 큰 뜻을 품고 창업을 결심한 사람들도 많겠지만, 상황에 밀려 마지막 승부수처럼 어렵게 창업을 택한 사람들이 더 많습니다. 창업은 성공했을 때만 의미를 갖습니다. 특히 가족들의 생계까지 책임지고 있는 창업자라면 더더욱 실패할 수 있는 요인들을 원천 봉쇄하기 위해 노력해야 합니다. 한탕주의식 창업보다는 조금 더디더라도 차근차근 기반을 쌓아나가는 보수적인 창업정신이 필요합니다. 창업에 대한 막연한 동경과 근거없는 자신감은 사절입니다. 작은 부분 하나 하나까지 놓치지 않고 직접 확인하고 챙기는 '쫀쫀함'이 오히려 창업 성공 확률을 높여줍니다.

누구나 성공을 꿈꾸며 창업을 합니다. 그 꿈을 실현시키기 위해 우선 자신이 창업에 관해 떠도는 위험한 소문들에 현혹되어 있지는 않은지부터 점검할 필요가 있습니다.

1. 시작이 반이다?

시작이 반이라는 말이 있습니다. 그만큼 시작하기가 어렵기 때문에 일단 시작한 것만으로도 박수를 받기에 충분합니다.

하지만 필자는 IMF 시절부터 지금까지 무수히 많은 지인들이 창업하는 과정을 지켜보았습니다. 주로 IT업종에 종사했던 지인들인지라 IT의 특성상 적은 자본, 적은 인원으로도 얼마든지 창업을 할 수 있었고, 벤처 붐이 일었던 초기에는 아이템만 좋으면 몇백 억 원이라는 어마어마한 돈도 얼마든지 끌어들일 수 있었지요. 그 중에는 크게 성공해 지금껏 탄탄대로를 밟고 있는 지인도 있지만 거의 대부분은 심한 외상을 입고 쓰러졌습니다. 필자가 보기에 성공 확률은 5% 미만에 불과했습니다. 또한 초기에 어렵게 성공의 발판을 마련했어도 이를 잘 관리하지 않으면 몇 년 버티지 못하고 문을 닫는 경우도 허다하지요.

시작은 시작일 뿐입니다. 잠시 감상에 젖을 수는 있습니다. 아이템을 선정하고, 사무실을 얻고, 함께 일할 사람들을 구하고, 당당하게 사업자등록까지 마치고 나면 그동안의 일들이 주마등처럼 스쳐가면서 감격에 겨워 가슴 한 켠이 뻑뻑해질 지도 모릅니다. 잠시 동안의 향연은 괜찮지만 그 벅찬 감동을 빨리 접고, 창업 고삐를 당기지 않으면 3개월 천하, 1년 천하 사장으로 끝나기 쉽습니다.

처음 3개월에서 6개월은 초기 자본이 있기 때문에 그런대로 지나갑니다.

초기 자본금이 바닥이 나기 전 일정한 매출을 만들어내지 못하면 그때부터 불행이 업보처럼 꼬리에 꼬리를 물고 찾아옵니다. 사업 계획이고 뭐고 돌아볼 겨를도 없이 그저 하루하루 필요한 돈을 빌려다 메꾸기 위해 허덕대다 결국은 산더미같은 빚만 끌어 앉은 채 문을 닫게 됩니다.

철저히 준비를 했어도 막상 시작을 하고 나면 여기저기서 예상치 못했던 복병들을 만나게 되는 것이 사업입니다. 하물며 시작이 반이라니 조금 미흡한 것이 있어도 일단 저지르고 보자는 심정으로 창업을 한다면 그것보다 위험한 일은 없습니다.

신중하게 계획하고 시작하고, 시작한 다음 긴장을 늦추지 말고 더욱 철저하게 사업을 진행해야 성공의 고지를 점령할 수 있다는 것을 기억해 두시기 바랍니다.

2. 자기 돈으로 사업하는 것은 바보같은 짓이다?

사업을 할 때 가장 어려운 문제는 역시 '돈'입니다. 창업자금을 어떻게 마련하는 것이 가장 좋을까요? 많은 사람들이 사업 아이템에 호감을 갖는 투자자들로부터 투자를 받아 창업하는 것이 가장 좋은 케이스라고 말합니다. 투자를 받든, 돈을 꾸든 남의 돈을 잘 끌어들일수록 능력있는 사업가로 평가받기도 합니다. 특히 투자를 받은 돈은 설령 사업이 실패해 모두 날리더라도 갚아야 할 법적 책임이 없어 더욱 매력적이라 생각합니다.

실제로 벤처붐이 일어났을 때 기술력과 참신한 아이디어만 있으면 쉽게 투자를 받을 수 있었습니다. 이후 벤처 거품이 꺼졌을 때 누가 더 많은 돈을 날렸는지를 무용담처럼 얘기하는 젊은 사업가들을 보면서 뭔지 모를 씁쓸함을 느꼈습니다.

투자란 말 그대로 수익을 얻기 위해 회사와 사업가를 믿고 돈을 대주는 것인데, 과연 그 젊은 사업가들은 투자금을 자기 돈처럼 소중하게 운영한 것인지 의문이 생깁니다. 하룻밤에 몇 백만 원어치 술을 마시는 벤처 사장, 개인적인 용도로 지출한 돈까지 회사 경비로 처리하는 비리는 심심치 않게 신문지상에 오르내렸지요. 물론 지금은 상황이 많이 달라졌습니다. 벤처기업에 대한 묻지마식 투자에 낭패를 보았던 투자자들은 극도로 신중해졌습니다. 조심스럽게 투자를 한 뒤에도 제대로 회사가 운영이 되는지 세세하게 간섭하는 경향이 농후해졌습니다. 지분 참여율이 적은 사장의 목숨은 그야말로 파리 목숨이나 마찬가지입니다. 일일이 간섭을 받기 때문에 소신껏 사업을 추진하기가 어렵다고 호소하는 사업가들이 늘어나고 있습니다. 따라서 투자를 받더라도 경영권이 흔들리지 않을 정도의 지분을 확보하는 것이 중요합니다.

은행에서 대출을 받거나 나랏돈을 빌려 쓸 때는 더욱 더 신중해야 합니다. 돈을 갚지 못했을 때는 신용불량자가 되어 다시는 경제 활동을 할 수 없을 정도로 상처를 입기 때문에 이자는 물론 원금 상환 계획을 철저하게 세워놓고 움직여야 합니다.

창업자금을 마련할 때 최소 자기 자본 비율이 50% 정도는 되는 것이 좋습니다. 예전과는 달리 나라에서 빌려주는 정책자금도 요즘에는 자기 자본 비율이 어느 정도 되는지를 꼭 심사하므로 최대한 자기 자본을 많이 확보하기를 권합니다.

3. 회계는 전문가에게 맡기고, 사업에만 전념해야 한다?

처음 사업을 시작할 때 가장 당혹스러운 것이 보기만 해도 골치 아픈 회계와 세무 절차입니다. 특히 영업이나 경리 업무 경험이 전혀 없는 사람이 창업을 했을 때는 정작 사업 추진보다는 골치 아픈 장부와 서류를 잡고 씨름하는 데 더 많은 시간을 소비하게 됩니다.

다행히 이 골치 아픈 회계 업무에서 벗어날 수 있는 길이 있습니다. 바로 세무 대행을 맡기는 것이지요. 창업자는 영수증들만 잘 챙겨두었다가 세무사에게 의뢰하면 기장은 물론 복잡한 세금 신고도 알아서 다 해결해주니까요. 사장님은 그저 사업만 열심히 하면 된다고들 말합니다. 일일이 돈이 들고 나가는 내역을 체크하는 것은 쫀쫀한 사장이나 하는 일이지, 큰 그릇을 가진 사장이 할 일은 아니라는 논리이지요.

전혀 틀린 소리는 아닙니다. 사장은 분명 작은 일보다는 큰 틀을 만들어가고 미래의 비전을 만들어가야 하는 사람입니다.

하지만 필자는 사장의 가장 큰 역할을 '경영'이라 생각합니다. 돈의 흐름을 체크하는 것은 경영의 기본입니다. 세무, 회계 대행 맡기면 어떻게 하면 자금 경영을 효율적으로 하고, 세금을 줄일 수 있는지 도움을 얻을 수는 있지만 실제 회사에서 일어나는 사항들은 직접 챙겨야 합니다. 그러기 위해서는 세무는 물론 회계까지 흐름을 파악하는데 무리가 없을 정도의 지식은 갖춰 놓아야 합니다.

사업을 하다 보면 버는 것 못지않게 쓸데없이 새나가는 돈을 막는 것이 더 중요할 때가 많습니다. 대부분의 부자들이 그렇듯이 단돈 10원이 지출되는 데도 신경을 쓰는 꼼꼼한 사장들이 경영을 더 잘합니다.

또한 소호 창업을 하는 경우라면 조금만 신경을 쓰면 세무 대행을 맡기지 않고도 얼마든지 직접 각종 세금과 행정처리를 할 수 있습니다. 사실 아주 간단한 세무처리도 직접 해보기 전에는 어렵게만 느껴져 스트레스를 받게 됩니다. 대행을 맡기지 않으면 그만큼 돈도 절약돼 간접적으로 돈을 버는 효과도 있지만 그것보다는 전체적인 경영 감각을 익히고, 자금을 효율적으로 운영할 수 있는 방법을 익힐 수 있다는 측면에서 중요한 가치를 지닙니다.

SECTION **03** 창업 세금 상식

SECTION **04** 부가가치세와 소득세

SECTION **05** 핵심 절세 포인트

SECTION 06 꼭 알아야 할 법률 상식

SECTION 01

창업의 시작, 사업자등록

01

사업자등록
꼭 해야 할까?

•
•
•

저는 김포에 사는 25세의 대학생입니다. 취미 삼아 비디오 게임기와 타이틀을 중고로 옥션에서 팔기 시작했는데 반응이 좋아 제법 매출을 올리고 있습니다. 아직 사업자등록을 안 했는데, 사업자등록을 안 한 상태로 그동안 판매한 것에 대해서 불이익이나 벌금 같은 건 없나요? 여태 아무 문제가 없었는데, 사업자등록을 하지 않고 그냥 하면 안 될까요?

사업을 하려면 당연히 사업자등록을 해야 하지만 의외로 많은 분들이 이런 질문을 합니다. 사업자등록을 하러 왔다 갔다 하는 것이 귀찮기도 하고, 때마다 세금을 신고해야 하니 웬만하면 그냥 넘어가고 싶어 하는 분들이 많습니다. 하물며 옥션에서 개인 회원 자격으로 물건을 팔았다면 사업자가 아니기 때문에 당연히 사업자등록을 하지 않아도 된다고 생각하기 쉽습니다. 하지만 법에서 규정하고 있는 '사업자'란 사업상 독립적으로 재화 또는 용역을 공급하는 자로, 그 공급 행위가 계속, 반복적인 것을 의미합니다. 따라서 어쩌다 한 번 옥션에서 물건을 팔았다면 사업자가 아니지만 위의 경우처럼 지속적으로 물건을 팔았다면 사업자입니다.

| 사업자는 사업자등록 여부와 상관없이 세금을 내야 한다 |

사업자는 사업자등록을 했느냐 안 했느냐와 상관없이 각종 세금을 내야 할 의무가 있습니다. 사업장도 없이 장사를 하는 노점상이나 길거리에 흔히 볼 수 있는 포장마차 등도 엄연한 사업자이므로 당연히 각종 세금을 내야 합니다. 하지만 현실은 사업자등록을 하지 않고 영업하는 사업자들을 일일이 조사해 적법한 세금을 매기기가 힘듭니다. 이런 점을 악용해 사업자등록을 하지 않고 사업을 하는 사람들이 제법 있습니다.

가볍게 생각하면 세금계산서를 발행하거나 영수증을 주고받을 일이 없다면 사업을 했다는 흔적이 남지 않기 때문에 나중에라도 발각될 염려가 없다고 생각할 수 있습니다. 영원히 들키지만 않는다면 어렵게 번 피 같은 돈을 세금으로 낼 필요가 없으니 그만큼 돈을 벌 수 있다고 판단하기 쉽습니다.

과연 그럴까요? 사업을 하다가 잘 안돼 금방 망하면 모를까, 사업이 날로 번창하는데 감쪽같이 사업을 했다는 흔적을 없애는 것은 거의 불가능합니다. 특히 인터넷상의 거래는 어떤 형태로든 흔적이 남기 때문에 국세청에서 이를 잡아내는 것은 시간 문제입니다.

작은 세금 아끼려다 눈덩이처럼 불어난 가산세에 큰 코 다친다

사업자등록을 하지 않고 세금을 내지 않은 사실이 드러나면 지금껏 내지 않은 각종 세금을 한꺼번에 내야 합니다. 그것도 제때 세금을 내지 않은 벌금(가산세)까지 합해서요.

예를 들어 1년 전부터 사업자등록을 하지 않고 사업을 시작해 연 1억 원의 매출을 올린 사업자가 있다고 가정해 봅니다. 꼬리가 길면 잡힌다고, 결국 몰래 사업을 했다는 사실이 발각되면 물게 될 세금은 얼마나 될까요?

우선 사업 개시일부터 등록을 신청한 직전일까지 매출액에 대해 1%에 상당하는 가산세를 내야 합니다. 2013년 1월 1일부터 사업을 시작하고, 2014년 1월 5일에 사업자등록을 했다면 1월 4일까지 즉, 2013년 1월 1일부터 2014년 1월 4일까지 매출에 대해 가산세를 납부해야 합니다. 하지만 여기서는 계산하기 편하게 그냥 1년을 기준으로 하고 개인 사업자라고 가정합니다.

매출액이 1억이니 가산세는 1억 × 0.01 = 100만 원이 됩니다.

얼마 안 된다구요? 이것만이 아닙니다. 신고하지 않은 부가가치세액에 대해 20%의 무신고가산세를 징수하고 납부하지 않은 세액에 대해 납부불성실가산세라는 이자상당액을 더 내야 합니다.

매출이 1억 원이니 원래 내야할 부가세는 매출의 10%인 1천만 원인데, 부가세액의 20%인 200만 원을 더해 1천200만 원을 내야 합니다. 그뿐만 아니라 납부하지 않은 세액 1천만 원에 해당하는 이자(납부불성실가산세)까지 물어야 합니다.

여기서 끝이 아닙니다. 사업자등록을 했을 경우 납부해야 할 소득세나 법인세도 당연히 내야 합니다. 제때 냈다면 사업을 하면서 쓴 비용을 인정받아 순이익에 해당하는 금액에 대해서만 세금이 물리지만 사업자 미등록에 따라 각종 증빙서류를 갖추지 못하게 됨으로써 부가가치세 매입세액공제나 소득세에 대한 필요 경비를 인정받을 수 없게 됩니다. 매출 1억 원이 그대로 세금을 내야 할 수입이 되니 그 액수는 상당히 커집니다. 또한 소득세를 제때 신고 · 납부하지 않은데 대해 무신고가산세(세액의 20%)와 납부불성실가산세가 추가됩니다. 소득세 계산은 Section 04에서 자세히 소개되니 여기서는 사업자등록을 하지 않았을 때 내는 소득세가 어마어마하게 커진다는 것만 짚고 넘어가겠습니다.

마지막으로 사업자등록을 하지 않은 자는 질서범에 해당하여 50만 원 이하의 벌금 또는 과료에 처해질 수 있습니다.

| 옥션 개인 회원 판매도 사업자로 간주 |

요즘 인터넷 쇼핑몰을 통한 판매가 성행되고 있는데, 그중에서도 옥션에서 개인 자격으로 제품을 판매했을 때 사업자처럼 세금을 내야 하는지 궁금해하는 분들이 많습니다. 어쩌다 한두 번 판매한 것이라면 큰 문제는 없지만 개인 회원이라도 여러 차례에 걸쳐 지속적으로 판매를 했다면 사업자등록을 하지 않고 판매를 한 실질적인 사업자로 보는 것이 맞습니다. 사업자이면서도 사업자등록증을 내지 않고 판매를 해 탈세를 한 것으로 간주되니 지속적으로 판매를 할 계획이라면 사업자등록증을 내는 것이 바람직합니다.

02

사업자등록은
어디서 어떻게 하는 걸까?

●
●
●

사업자등록을 해야 하는데, 처음이라 어떤 서류를 준비해 어디로 가야 하는지 막막합니다. 듣기로는 아주 간단하기 때문에 걱정할 필요가 없다고 하는데, 그래도 어떤 것을 준비하고 가야 하는지 알고 싶습니다.

사람이 태어나면 동사무소에 가서 신고를 하듯이 사업을 하려면 "이러이러한 사업을 언제, 어디서 시작했다."는 신고를 해야 합니다. 보통은 사업을 시작한 날로부터 20일 이내에 신청해야 합니다.

어디서? 사업을 시작하는 지역을 관할하는 세무서에 필요한 서류를 제출하면 됩니다.

| 준비해야 할 서류 |

구비해야 할 서류는 개인 사업자냐 법인 사업자냐에 따라 차이가 있습니다.

사업자등록 신청서는 관할 세무서내의 납세서비스센터에 비치되어 있기 때문에 세무서에 가서 바로 작성해도 되고, 신청서의 형식을 미리 알고 싶다면 인터넷상의 국세청 홈페이지(www.nts.go.kr)의 [국세정책/제도]의 '세무서식'에서 출력해서 보면 됩니다.

	개인 사업자	법인 사업자
필수	사업자 등록 신청서 1부 인감도장	
	-	법인등기부등본 정관 주주명부
선택	임대차계약서 사본 1부(사업장을 임차한 경우) 사업허가증 사본 1부(허가를 받아야 하는 사업의 경우) 사업 개시 전에 등록하려는 경우 사업허가신청서 사본이나 사업계획서 2인 이상이 공동으로 사업하는 경우에는 사실을 증명할 수 있는 서류	

표에서 보다시피 임대차계약서는 필수적으로 제출하는 서류가 아니기 때문에 거주하는 집을 사업장으로 신고해도 사실과 다름이 없다면 아무런 문제가 되지 않습니다.

또한 2인 이상이 공동사업을 할 때는 동업사실을 증명하는 동업계약서가 필요하며 일정한 양식이 따로 있는 것은 아닙니다. 동업내용을 서술하고 동업하는 사람들의 인감도장이 찍혀 있으면 됩니다.

혹 대리인이 신청할 경우에는 대리인 신분증과 사업자 본인의 인감도장을 지참하고 세무서에 가야 합니다.

| 업태, 종목 선택은 어떻게? |

사업자등록신청서 상에 기재해야 할 사항 중에 업태와 종목란이 있습니다. 하려는 사업이 어떤 것인지 잘 몰라도 세무서 담당 직원들이 친절하게 해당되는 업태와 종목을 찾아주기 때문에 큰 문제는 없습니다. 하지만 요즘에는 워낙 새로운 유형의 업종이 많이 생기는 추세여서 세무서 담당자들도 정확하게 어느 업태, 종목으로 분류할 지 모르는 경우도 있습니다.

만약 사업을 하면서 수입과 지출 내역을 장부로 작성(이를 기장이라 함)하지 않는다면 법인세나 소득세를 계산할 때 기준경비율과 단순경비율 제도에 의해 추정으로 계산됩니다. 기준경비율과 단순경비율 제도란 수입금액 중 일정비율을 비용으로 인정해 소득금액을 산출하는 제도로 업태 및 종목에 따라 비율이 달라집니다. 따라서 사업자등록을 할 때 업태 및 종목 선정에 유의해야 하며 그 비율은 홈택스(www.hometax.go.kr)의 [조회/발급] – [기타조회] – [기준단순경비율]로 들어가 검색해보면 자세히 알 수 있습니다.

| 일반과세자 vs 간이과세자 |

일반과세자와 간이과세자의 구분은 부가가치세와 관련된 항목입니다. 간이과세자는 영세한 사업자에 대해 제한적으로 적용되는 것으로 예상 매출 규모에 따라 간이과세자가 될 수 있느냐의 여부가 결정됩니다. 예를 들어 서비스업일 경우 연 매출이 8천만 원에 미달한다면 간이과세자가 될 수 있습니다.

간이과세자는 부가가치세를 계산할 때보다 간편한 서식을 사용할 수 있으며, 납부세액도 일반과세자보다 적게 산출되기 때문에 어떤 면에서는 1인 사업자나 소규모 사업자에게 유리합니다. 하지만 연매출 4천800만 원인 간이과세자는 세금계산서를 발행할 수 없고 영수증만 교부해야 하며 매입세액공제가 적용되지 않기 때문에 부가가치세를 환급받을 수 없습니다.

간이과세자에 해당되지 않는 다른 사업자는 모두 일반과세자입니다. 간이과세자가 당장 세금을 적게 낸다고 꼭 좋은 것만은 아니기 때문에 자신이 하려는 사업 종류와 발전성을 충분히 생각해보고 간이과세자로 할 것인지, 일반과세자로 할 것인지를 결정하기 바랍니다.

사업자등록증은 신청 후 2일 이내 교부하는 것이 원칙이나 실제로는 특별한 사유가 없는 한 대부분 신청하는 즉시 그 자리에서 사업자등록증을 줍니다. 다만, 명의위장사업 또는 신용카드 위장가맹 혐의가 있는 사업자는 현지 확인을 실시하여 실제로 사업하는 사람인지를 확인하고 교부기한을 5일 이내에서 연장하여 사업자등록증을 교부해줍니다.

매장을 하나 더 오픈했는데,
또 사업자등록을 해야 하나?

•
•
•

일산에서 아동용품 매장을 운영하고 있습니다. 물론 사업자등록은 했구요. 생각보다 사업이 잘 되서 평촌에 매장을 하나 더 내려고 합니다. 이미 제 이름으로 사업자등록을 한 상태인데 또 사업자등록을 할 필요는 없지요?

원칙적으로 사업자등록은 사업장마다 따로따로 내야 합니다. 사업장이 란 '사업자 또는 그 사용인이 항상 머물러 있으면서 거래의 전부 또는 일부를 행하는 장소'를 말합니다. 법인의 경우에는 본점, 지점 모두 사업자등 록을 해야 하고, 개인도 사업장을 여러 개 운영할 때는 사업장마다 사업자등록 을 해야 합니다. 직매장의 경우도 마찬가지입니다.

따라서 질문하신 분처럼 매장을 하나 더 개장하려면 당연히 별도로 사업자 등록을 해야 합니다.

| 왜 사업장마다 따로 사업자등록을 해야 하나? |

사업장마다 따로 사업자등록을 하도록 만든 것은 사업자의 편의보다는 정부 가 세금을 쉽게 걷기 위한 것입니다. 법인세 및 소득세는 사업장 단위가 아닌 그 인격체 즉, 법인 및 개인단위로 신고와 납부를 하지만, 부가가치세는 사업 장별로 각각 신고 · 납부하도록 되어 있습니다. 따라서 세금계산서를 주고받는 것도 사업장별로 구분해야 합니다.

부가가치세는 사업장이 있는 관할 세무서가 관리합니다. 즉, 일산 매장은 일 산 관할 세무서에, 평촌 매장은 평촌 관할 세무서에 부가가치세를 신고 · 납부 해야 세원을 관리하기가 편합니다. 이런 이유로 사업장마다 사업자등록을 하 는 것이지요.

| 예외는 있다 − 사업자등록을 하지 않아도 되는 경우 |

언제나 예외는 있는 법입니다. 또 다른 사업장을 내더라도 다음과 같은 항목 에 해당하면 굳이 사업자등록을 하지 않아도 됩니다.

- 보관·관리시설만 갖춘 하치장을 설치하고, 그 날로부터 10일 안에 하치장 관할 세무서장에게 하치장 설치 신고서를 제출한 경우
- 기존 사업장이 있는 사업자가 각종 경기대회, 박람회, 국제회의 등이 개최되는 장소에 임시사업장을 개설하는 경우
- 임시로 기존 사업장과는 다른 장소에 단기간 판매장을 개설하는 경우로 사업개시일 20일 전에 임시 사업장 관할세무서장에게 임시사업장 개설 신고서를 제출한 경우

한편, 2008년 1월 1일부터는 2개 이상의 사업장을 갖추고 전사적자원관리시스템을 도입한 사업자로서 관할세무서장의 승인을 얻은 경우에는 사업자등록은 본점 또는 주사무소의 등록번호로 단일화하고 세금계산서도 하나의 사업자등록번호로 교부할 수 있도록 하고 있습니다. 2010년 1월 1일부터는 사업자 단위 과세업자로 등록만 하면 가능합니다.

사업 개시 전, 사업자등록을
미리 하면 무엇이 좋을까?

창업하려고 사무실을 계약했습니다. 아무래도 창업하고 최소 6개월은 지나야 본격적으로 사업을 시작할 수 있을 것 같아 어느 정도 준비를 해놓고 사업자등록을 하려고 합니다. 당분간은 매출도 없을 텐데 서둘러 사업자등록부터 할 필요는 없겠죠?

사업을 본격적으로 시작하기 전에는 당연히 매출이 없습니다. 사무실을 계약한 것만으로 사업을 개시한 것은 아니기 때문에 바로 사업자등록을 하지 않아도 됩니다. 하지만 사업을 시작하려면 그 이전에 상품을 구입하거나 시설투자를 해야 하는 경우가 많습니다.

이처럼 매출은 없지만 매입이 있을 경우 부가가치세를 돌려받을 수 있습니다. 다만 부가가치세를 돌려받으려면 사업자등록을 해서 매입 세금계산서를 받아두어야 하는데, 그러기 위해서는 사업자등록증이 필요합니다.

사례를 하나 살펴볼까요? 직장에서 퇴직한 김모씨는 생선 횟집을 차리기로 마음먹었습니다(일반 과세사업자로 가정). 가게를 얻어 냉장고, 에어컨과 같이 필요한 장비를 구입하고, 내부 인테리어를 손보았습니다.

김모씨는 세금계산서를 받으면 좋다는 말을 주위에서 들은 적이 있어 냉장고와 에어컨을 구입할 때 세금계산서를 받았습니다. 그런데 인테리어 비용에 대해서 세금계산서를 요구하니 원래 약속한 비용보다 10%를 더 달라는 것입니다.

결론적으로 말하면 10%를 더 주더라도 세금계산서를 받는 것이 더 유리합니다. 왜냐하면 세금계산서 상에 표시된 부가가치세는 나중에 돌려받을 수 있으며 소득세를 계산할 때 비용으로 인정되기 때문입니다.

사업을 시작하지 않았더라도 미리 사업자등록을 해서 매입 세금계산서를 받으면 세금계산서를 받지 않았을 때보다 얼마나 이득을 볼까요? 인테리어 비용을 500만 원이라고 가정합니다.

| 세금계산서를 받는 경우 |

세금계산서를 받으려면 원래 인테리어 비용 500만 원에 부가가치세에 해당하는 50만 원을 합해 550만 원을 지출해야 합니다.

하지만 부가가치세 신고를 하면 50만 원을 정부로부터 돌려받을 수 있습니다. 또한 소득세를 신고할 때 비용으로 처리하면 최대 180만 원까지 절세할 수 있습니다.

세금계산서를 받지 않는 경우

세금계산서를 받지 않을 때는 500만 원만 지출하면 되지만 부가가치세를 신고해도 돌려받을 것이 없습니다. 부가가치세로 미리 지불한 것도 없으니 돌려받을 수 없다고 손해를 본 것은 아닙니다.

문제는 소득세를 신고할 때 발생합니다. 세금계산서를 받지 않았으니 비용으로 처리하기가 어려울 수도 있습니다. 만약 비용처리를 할 수 있다고 하더라도 거래금액이 3만 원을 초과하여 2%에 해당하는 10만 원을 증빙불비가산세(143쪽 참조)로 납부해야 합니다.

공급시기가 속하는 과세기간이 끝난 후 20일 이내 등록

매입세액공제는 사업자등록일 이전의 것은 인정되지 않습니다. 단, 7월 20일까지 사업자등록을 신청한 경우엔 당해 연도 1월 1일부터 신청일까지, 1월 20일까지 사업자등록을 신청한 경우엔 그 이전 연도 7월 1일부터 신청일까지의 매입세액은 공제가 가능합니다.

- 2024년 1월 1일~6월 30일 기간에 지출한 비용 :
  2024년 7월 20일까지 사업자등록 신청하면 매입세액 공제 가능
- 2024년 7월 1일~12월 31일 기간에 지출한 비용 :
  2025년 1월 20일까지 사업자등록 신청하면 매입 세액 공제 가능

05

사업자등록을 다시
정정해야 하는 이유?

•
•
•

지금까지는 의류를 제조하여 공급하는 도매업만 해왔습니다. 사업을 다각화하기 위해 올해부터는 인터넷을 통해 최종 소비자에게 직접 판매하려고 합니다. 사업자등록을 정정하지 않고 그대로 하면 어떤 문제가 있나요?

의류를 만들어 도매로 유통하는 업체였기 때문에 사업자등록증에서 업태와 종목을 보면 업태가 제조 및 도매로 되어 있을 것입니다. 만약 이 상태에서 사업자등록 정정 신고를 하지 않고 인터넷을 통해 최종 소비자에게 판매를 한다면 어떤 일이 벌어질까요?

소매업은 최종소비자를 고객으로 하기에 세금계산서를 굳이 발행하지 않아도 되지만 제조 및 도매업은 물건을 판매하고 반드시 세금계산서를 발행해야 하며 이를 어길 때는 가산세를 내야 합니다. 따라서 사업자등록증상에 제조 및 도매란 업태만 있는 상태에서 세금계산서 발행이 없는 매출을 신고하게 되면 세금계산서 미발행에 대한 가산세를 물 수도 있습니다. 실제로는 세금계산서를 발행할 필요가 없는 소매 형태로만 판매했는데도 말입니다.

| 사업자등록증을 정정해야 할 경우 |

사업자등록증에 명기되어 있는 내용 중 바뀐 부분이 있을 때 정정하지 않으면 위의 사례처럼 불이익을 당할 가능성이 있습니다. 따라서 사업장을 옮겼다든지, 사업 종류를 변경하거나 추가했을 때는 사업자등록 정정 신고를 하는 것이 좋습니다. 구체적인 사업자등록 정정 사유는 다음과 같습니다.

> - 상호를 변경할 때
> - 사업의 종류를 변경하거나 새로운 사업의 종류를 추가할 때
> - 사업장을 이전할 때
> - 상속으로 사업자의 명의가 변경될 때(상속이 아닌 이유로 사업자 명의가 변경될 때에는 폐업 후 새롭게 사업자등록을 해야 합니다)
> - 공동사업자의 구성원 또는 출자지분의 변경이 있는 때
> - 법인의 대표자를 변경할 때

| 사업자등록 정정 방법 |

사업자등록을 정정하는 방법은 간단합니다. 이미 발급받은 사업자등록증을 첨부하여 정정신고서를 작성해 제출하면 됩니다. 이러한 등록정정신고는 관할 세무서에 해야 하며 사업장을 이전하는 경우에는 이전 후 사업장 관할 세무서에 해야 합니다. 그러면 새로 사업자등록증을 발급해주는데, 사업자 등록번호는 동일하고 정정하려고 신청한 내용만 바뀝니다.

06

다른 사람 이름으로
사업자등록을 해도 될까?

●
●
●

직장을 다니면서 사업을 병행하려고 하기 때문에 아무래도 제 이름으로 사업자등록증을 내기가 어렵습니다. 믿을만한 친구 이름을 빌어 사업자등록증을 내려고 하는데, 그 친구에게 피해가 가지는 않을까요?

이처럼 남의 이름을 빌어 사업자등록을 내는 경우가 적지 않습니다. 하지만 문제가 발생했을 때 피해를 보는 것은 이름을 빌린 사람이 아니라 빌려준 사람입니다.

'Section3. 창업 세금 상식'에서 소개하겠지만 사업을 시작하면 사업과 관련된 여러 세금을 내야 합니다. 원칙적으로 세금은 사업자등록증상에 사업자로 명시되어 있는 사람의 몫입니다. 세금뿐만 아니라 국민연금, 국민건강보험료 등 소득이 발생함에 따라 의무적으로 가입해야 하는 보험들도 있습니다.

명의를 빌려 사업을 한다면 사업자로 등록되면서 발생되는 각종 세금과 보험까지 깔끔하게 처리해주어야 하는 것이 도리입니다. 이름을 빌린 사람이 세금을 신고하지 않거나 납부하지 않으면 명의를 빌려준 사람 앞으로 고지서가 통보됩니다.

이런 문제가 생길 경우 이름을 빌려준 사람이 실제 사업자가 아님을 증명할 수 있다면 다행이지만 그렇지 못하다면 대신 세금과 보험을 물어야 합니다. 우리나라는 실질과세주의 원칙을 중시하기 때문에 이름을 빌려줘 실질 사업자가 다르면 실질 사업자가 납세의무자가 됩니다.

하지만 실질 사업자가 따로 있음을 밝히는 일은 그리 쉽지만은 않습니다. 따라서 이름을 빌려 사업을 하는 사람은 이름을 빌려준 사람이 불이익을 당하지 않도록 도리를 다해야 하고, 이름을 빌려주는 사람은 상대방이 정말 믿을만한 사람이 아니라면 함부로 이름을 빌려주지 않는 것이 좋습니다.

또한 2007년부터 타인명의로 사업자등록을 한 사람은 사업개시일부터 실제 사업을 영위하는 것으로 확인되는 날의 직전일까지의 공급가액에 대하여 100분의 1에 상당하는 가산세를 납부해야 합니다.

07

개인 사업자와 법인 사업자, 어떤 것이 더 유리할까?

직원 3~4명과 함께 웹 개발 대행 사업을 하려고 합니다. 일단은 개인 사업자로 사업자등록을 하려고 하는데, 이왕이면 법인 사업자로 등록해야 여러 가지로 좋다고 권유하는 사람들이 많네요. 법인을 만드는 절차도 복잡한데, 무리를 해서라도 법인으로 등록할 만큼 장점이 있는 것인가요? 개인 사업자와 법인 사업자의 장단점이 무엇인지 자세히 알려주세요.

개인 사업자와 법인 사업자는 각각의 장단점이 있기 때문에 꼭 어떤 형태가 더 좋다고 단정하는 것은 의미가 없습니다. 보통 작은 규모로 사업을 시작할 때는 개인 사업자가 유리한 경우가 많고, 규모가 클 경우에는 법인이 세금이나 대외 이미지면에서 유리합니다. 구체적으로 개인기업과 법인기업의 차이를 살펴보면 다음과 같습니다.

| 등록 절차, 개인은 간단, 법인은 복잡 |

개인 사업자로 등록하는 과정은 아주 간단합니다. 임차계약서와 도장만 갖고 세무서에 가서 신청서를 내면 바로 등록되고, 비용도 거의 들지 않기 때문에 규모가 작은 기업에 적합합니다.

반면 법인은 설립 절차가 복잡합니다. 개인기업과는 달리 발기인과 주주 등 다른 사람들과 협력해야 하며, 상법에 의거한 정관을 작성하고, 설립등기를 필요로 합니다. 등록세를 비롯해 법인을 설립하는데 들어가는 비용도 만만치 않습니다. 하지만 요즘은 자본금 규제가 완화되어 법인을 설립하기가 더 쉬워졌습니다.

| 이익을 가져갈 수 있는 자유와 책임의 차이 |

1년 동안 열심히 일한 대가로 순이익이 1억 원이 넘었습니다. 개인기업일 경우 1억 원 전부를 사업자가 챙길 수 있지만 법인일 경우에는 사장(대표)이라 할지라도 1억 원을 전부 가질 권리가 없습니다. 법인기업은 주주를 통해 자본조달을 하고 법인과 주주는 별개의 경제주체이기 때문에 주주라 하더라도 적법한 절차를 밟지 않고서는 사업에서 발생한 이익을 마음대로 가져갈 수 없습니다.

여기까지만 보면 개인기업이 더 유리하다고 생각할 수 있습니다. 하지만 좋은 점이 있으면 나쁜 점도 있기 마련입니다. 개인은 이익을 사업자가 몽땅 챙길 수 있는 대신 사업과 관련된 부채와 손실의 위험부담을 전적으로 책임을 져야 합니다.

반면 법인기업은 주주가 출자한 지분 한도 내에서 책임을 지므로 기업이 도산하더라도 그 피해를 최소화 할 수 있다는 장점이 있습니다.

│ 가지급금 인출, 개인기업은 자유롭고 법인은 제한 │

"형! 급하게 1천만 원이 필요한데 한 달만 빌려줘. 금방 갚을 수 있어"

이처럼 사업자의 친족이 돈을 빌려줄 것을 요청해 대여해준 자금을 '가지급금'이라 합니다. 즉, 기업의 업무에 직접적인 관련이 없는 자금 대여액 중에서 특수관계자(법인의 대표이사 및 임원과 그 친족, 주주(소액주주는 제외)와 그 친족, 개인 사업자의 경우 사업주의 가족 및 친족과 종업원 등이 해당됨)에 대한 일체의 자금 대여액이 '가지급금'입니다.

개인기업은 개인기업과 사업주가 한 몸이나 다름없기 때문에 가지급금을 자유롭게 인출할 수 있으나 법인기업은 다릅니다. 법인기업이 가지급금을 인출할 때 다음과 같은 제약을 받습니다.

- 외부에서 빌려온 자금이 있을 경우 원칙적으로는 이자가 비용으로 인정되나 가지급금이 있다면 이에 상당하는 차입금에 대한 이자 지출을 비용으로 인정받지 못합니다.
- 시중이자율보다 낮거나 무상으로 가지급금을 대여한 경우 인정이자율과 실제로 수령한 이자율과의 차이에 해당하는 금액을 이자수입으로 가산하게 됩니다.
- 위의 이자수입에 대해 가지급금을 대여받은 자는 배당 또는 상여로 소득금액에 가산합니다.

| 개인기업과 법인기업 세율 차이 |

돈을 많이 벌수록 세금 비율도 높아집니다. 개인기업과 법인기업의 경우도 마찬가지입니다.

총수입에서 총비용을 뺀 순소득이 얼마인가에 따라 세율이 달리 적용됩니다.

개인기업은 순소득 규모에 따라 6~45%의 초과누진세율이 적용되며, 법인기업은 기본 세율이 9%이며 순소득이 2억 원을 넘어가면 2억 원 초과분에 대해 19%의 세율이 적용됩니다.

여기서는 순소득의 규모가 많아지면 법인기업이 유리하고, 순소득이 적을 때는 개인기업이 유리하다는 정도만 알고 넘어갑니다. 각각의 경우 세금이 어느 정도 차이가 나는지는 'Section 04 부가가치세와 소득세'편에서 소개했습니다.

08

단돈 100만 원으로
법인을 설립할 수 있을까?

비즈니스를 할 때 개인기업보다 법인기업이 더 신뢰를 받는다고 들었습니다. 비록 준비한 자금은 많지 않지만 장기적인 비전을 갖고 법인으로 사업자등록을 하려고 합니다. 제가 듣기로는 요즘에는 자본금이 5천만 원 이하라도 법인 설립이 가능하다는데 사실인가요? 또 그럴 경우 일반법인 설립 절차와 어떤 것이 다른지 알고 싶습니다.

과거에는 법인을 설립하려면 최소 3인 이상의 발기인과 5천만원 이상의 자본금이 필요했습니다. 그러나 지금은 법인을 설립하기가 한결 쉬워졌습니다.

주주가 1명이고 그 주주가 대표이사인 법인도 얼마든지 설립할 수 있습니다. 또한 자본금 제약은 없어졌습니다. 따라서 자본금이 단돈 100만 원이라도 법인을 만들 수 있게 되었습니다.

또한 예전에는 최소 5천만 원의 자본금을 며칠간 은행에 예치해 두고 주금납입보관증을 발급받아 제출해야 했습니다. 그러나 이제는 예금잔액증명서로 대체할 수 있어 더욱 편해졌습니다. 다만 법인 등기를 할 때 필요한 서류인 정관, 발기인회의사록, 이사회의사록 등 일반인이 작성하기 어려운 서류를 준비해야 하며 절차를 좀 더 간소화하기 위해 지분이 없는 임원 1인도 필요합니다.

법인을 설립할 때 드는 비용은 등록세, 지방교육세가 자본금의 0.48%(수도권과밀억제권역은 1.44%)이며 법무사 등 전문가에게 의뢰할 때 이에 대한 수수료가 추가적으로 발생합니다. 법인 설립 절차가 간단해지긴 했지만 법인에 대한 이해가 부족한 상태에서 혼자 법인을 설립하기는 어렵습니다. 가능하면 전문가와 상담을 한 후 법인을 만드는 것이 좋습니다.

09

일반과세자, 간이과세자,
면세사업자 뭐가 다른 거지?

사업자등록을 할 때 면세사업자로 등록하면 부가가치세를 안내도 된다면서요? 또 세금을 꼭 내야 한다면 일반과세자보다는 간이과세자로 등록을 해야 세금을 적게 낸다는데, 어떻게 하면 면세사업자나 간이과세자가 될 수 있나요?

안타깝게도 면세사업자는 본인이 원한다고 해서 될 수 있는 것은 아닙니다. 법으로 정해진 분야의 사업을 할 때만 면세사업자가 될 수 있습니다. 또한 많은 분들이 오해하고 있는 것이 일반과세자보다 간이과세자가 세금을 더 적게 내기 때문에 간이과세자가 더 유리한 것으로 생각하는데, 이는 잘못된 생각입니다.

| 면세사업자는 부가가치세 면제 |

면세사업자는 부가가치세를 납부할 의무가 없지만 대신 매입을 할 때 부가가치세로 징수한 세액도 돌려받을 수 없습니다. 면세사업자라고 해서 모든 세금이 면제되는 것은 아닙니다. 벌어들인 소득에 대한 소득세 또는 법인세는 납부해야 합니다. 또한 면세사업자는 매년 2월 10일까지 사업장현황신고를 해야 하는데, 이는 전년도 수입금액과 사업장의 기본사항을 기재하여 제출하는 것입니다.

면세사업자대상은 사업자가 임의로 정할 수 있는 게 아니라 일정한 재화 또는 용역에만 적용되며 이를 구체적으로 살펴보면 다음과 같습니다.

> – **기초생활필수품·용역** : 미가공식료품 및 비식용 농·축·수·임산물, 수돗물, 연탄과 무연탄, 여객운송용역, 주택과 그 부수토지의 임대용역
> – **국민후생·문화관련 재화·용역** : 의료보건용역과 혈액, 교육용역, 도서·신문·잡지·통신 및 방송, 예술창작품·예술행사·문화행사·비직업운동경기, 도서관·박물관·동물원·식물원의 입장
> – **부가가치 구성요소** : 토지의 공급, 일정한 인적용역, 금융보험용역
> – **기타 재화·용역의 공급** : 우표·인지·증지·복권·공중전화, 소액의 제조담배, 공익목적단체가 공급하는 재화·용역
> – **국민주택 및 당해 주택의 건설용역**

한편 의료업, 수의업 및 약국 등의 사업을 행하는 자가 사업장현황신고를 하지 않은 경우에는 무신고 또는 미달신고 수입금액에 대해 0.5% 가산세가 적용됩니다.

| 간이과세자가 되기 위한 요건 |

면세사업자가 아닌 사업자는 모두 부가가치세를 내야 할 의무가 있습니다. 이처럼 세금을 내야 하는 사업자는 다시 일반과세자와 간이과세자로 구분되는데, 간이과세자는 주로 영세한 사업자에 해당됩니다.

- 간이과세자는 개인 사업자만이 될 수 있습니다.
- 직전 1역년의 총수입금액이 8천만 원 미만이어야 합니다. 다만 신규 사업자는 사업자 등록신청 시 1년 예상수입금액이 8천만 원에 미달할 것으로 신고한 경우 간이과세자로 적용받을 수 있습니다.

간이과세자는 사업 규모가 작기 때문에 일반과세자에 비해 부가가치세를 신고하기도 쉽고, 세금도 적게 낼 수 있다는 장점이 있습니다. 다만 간이과세자가 되기 위해서는 다음과 같은 요건을 갖추어야 합니다.

또한 위의 요건을 갖추었더라도 다음과 같은 사업을 하는 자는 간이과세를 적용받을 수 없습니다.

- 광업, 제조업(과자점, 떡방앗간, 양복 · 양장 · 양화점은 가능)
- 도매업(소매업 겸업 시 도 · 소매업 전체), 부동산매매업
- 시 이상 지역의 과세유흥장소
- 전문직사업자(변호사, 신판변론인, 변리사, 법무사, 공인회계사, 세무사, 경영지도사, 기술지도자, 감정평가사, 손해사정인업, 통관업, 기술사, 건축사, 도선사, 측량사업, 공인노무사업, 약사업, 한약사업, 수의사업 등)

> – 국세청장이 정한 간이과세 배제기준에 해당되는 사업자
> – 현재 일반과세자로 사업을 하고 있는 자가 새로이 사업자등록을 낸 경우(다만, 개인택시, 용달, 이·미용업은 간이과세 적용 가능)
> – 일반과세자로부터 포괄양수 받은 사업

이 외에도 서울의 강남, 역삼, 신촌 등 일정한 지역에 사업장이 위치한 경우에는 간이과세를 적용받는데 제한이 따른다는 점을 유의하기 바랍니다.

| 일반과세자와 간이과세자의 차이 |

간이과세자에 해당되지 않는 사업자는 모두 일반과세자에 해당합니다. 일반과세자와 간이과세자의 차이점을 살펴보면 다음과 같습니다.

첫째, 부가가치세 납부세액의 계산구조가 다르다

일반과세자는 매출세액에서 매입세액을 차감하여 납부세액이 결정되지만 간이과세자는 공급대가에 업종별부가가치율(15%, 20%, 25%, 30%, 40%)을 곱하고 여기에 세율 10%를 곱하여 결정됩니다. 계산 방식 자체가 간이과세자에 유리한 대신 일반과세자는 매입세액이 매출세액보다 많을 경우 돈을 돌려받을 수 있으나 간이과세자는 이러한 환급을 받을 수 없습니다.

둘째, 연매출 4천800만 원 미만인 간이과세자는 세금계산서를 발행할 수 없다

일반과세자는 세금계산서를 주고받을 수 있지만 연매출 4천800만원 미만인 간이과세자는 세금계산서를 교부할 수 없으며 영수증만을 교부할 수 있습니다. 따라서 연매출 4천800만원 미만인 간이과세자가 세금계산서를 요구하는 사업자와의 거래를 유지하기 위해 일반과세자로 전환하기도 합니다.

셋째, 매출이 4천800만 원 미만인 간이과세자는 세금을 내지 않아도 된다

연간 공급대가의 합계액이 4천800만 원 미만인 간이과세자는 부가세를 납부하지 않아도 됩니다. 여기서 공급대가라 함은 재화와 용역의 공급에 대한 대가로서 부가가치세가 포함된 대가를 의미합니다. 또한 신규사업자나 폐업자 그리고 과세유형전환으로 간이과세 과세기간이 1년 미만일 경우 12개월로 환산한 금액을 기준으로 판단한다는 것에 유의해야 합니다.

예를 들어 9월에 간이과세자로 전환했고, 9월부터 12월까지의 매출액이 3천만 원이었다면 3천만 원 한 달 매출액이 750만 원입니다. 이를 기준으로 1년 매출액을 환산하면 9천만 원으로 4천800만 원을 훌쩍 넘으므로 세금을 면제받을 수 없습니다.

10

개인 사업자를 법인 사업자로
바꾸려면?

조그만 개인 회사를 운영하고 있는데 갑자기 매출이 많아져서 부득이 법인으로 전환해야 할 것 같습니다. 그런데 절차를 알아보기 위해 국세청에 전화 상담도 해 보았는데 짜증만 내고 자세하게 알려주질 않더군요. 어떤 절차를 거쳐야 하는지 각 절차에 필요한 서류 등을 자세히 알고 싶습니다.

사업이 번창해 법인전환을 고려한다면 이보다 좋은 일은 없겠지요. 이 처럼 개인기업이 규모가 커지면 대략 다음과 같은 이유로 법인 전환을 고려하게 됩니다.

첫째, 법인기업은 영속성과 그 발전성이 강하며 전문경영인에 의한 경영합리화와 위험을 분산할 수 있습니다.

둘째, 기업의 대외 신용도를 높일 수 있으며 자금조달 또한 쉽습니다.

셋째, 법인세율과 소득세율의 차이로 인해 일정규모가 넘어서면 법인기업이 개인기업보다 세부담이 적어집니다.

넷째, 종업원의 지분참여도 가능하게 되어 바람직한 노사관계가 정립될 수 있습니다.

개인기업을 법인기업으로 전환하는 방법은 크게 3가지로 구분할 수 있습니다. 각각의 방법이 장단점이 있으니 기업실정에 가장 적합한 방법을 선택하기 바랍니다.

| 1. 개인기업을 폐업하고 법인기업을 신규로 설립하는 방법 |

가장 간단하며 손쉽게 법인으로 전환할 수 있는 방법입니다. 법인기업이 인수할 재고자산이나 고정자산 등이 별로 없고 개인기업의 폐업에 따라 개인기업의 실적이 신설되는 법인기업의 사업유지에 크게 영향이 없을 경우에 주로 선택하는 방법입니다. 절차는 다음과 같습니다.

첫째, 개인기업을 폐업한다

개인기업을 폐업하는 방법은 간단합니다. 폐업신고서에 사업자등록증을 첨부해 관할 세무서장에게 제출하면 되는데, 다음과 같은 사항을 주의해야 합니다.

❶ 부가가치세에 대한 세무처리 : 폐업일까지의 실적을 폐업일의 다음달 25일 이내에 신고·납부해야 합니다. 이때 잔존하는 재화나 감가상각자산은 개인 사업자 자신이 법인 사업자인 자신에게 공급한 것으로 보아 공급가액을 시가로 한 매출세액을 계산해야 한다는 점을 주의하기 바랍니다.

❷ 소득세 신고·납부 : 보통 소득세는 소득이 발생한 이듬해 5월 31일까지 납부합니다. 이때 신설되는 법인기업과는 별개의 사항으로 개인기업 폐업일까지의 소득세를 계산해 신고·납부해야 합니다. 이듬해까지 기다리기 싫다면 폐업신고를 할 때 '폐업수시부과신청서'를 신청하여 즉시 납부할 수도 있습니다.

둘째, 발기인을 구성한다

개인기업을 폐업했다면 본격적으로 법인 설립 절차를 밟을 차례입니다. 우선 발기인을 구성해야 하는데, 상법이 개정되어 이제는 1인 이상이면 법인을 설립할 수 있으며, 각 발기인들은 1주 이상의 주식을 인수해야 합니다.

셋째, 정관을 작성하고 공증을 받는다

정관이란 법인의 조직 및 운영활동을 정한 기본규칙으로서 ①사업 목적 ②상호 ③회사가 발행할 총주식수 ④1주의 금액 ⑤회사 설립 시 발행하는 주식의 총수 ⑥본점 소재지 ⑦회사의 공고방법 ⑧발기인의 성명과 주소, 주민등록번호에 관한 사항 등을 반드시 기재해야 합니다. 이 정관을 작성하고 공증을 받아야 합니다.

넷째, 필요한 서류를 준비해 법인설립등기 신청을 한다

이제 필요한 서류를 갖춰 법인설립등기 신청을 합니다. 업무가 상당히 복잡하므로 이 과정은 법무사에게 의뢰하는 것이 편합니다. 필요한 서류는 다음과 같으며, 기타 세세한 법인 설립 절차는 표로 정리해 두었으니 참조하기 바랍니다.

❶ 정관

❷ 주식인수증

❸ 주식청약서(모집설립 시의 경우에 한함)

❹ 주식발행사항 동의서

❺ 이사 · 감사의 조사보고서 또는 검사인 등의 조사보고서와 그 부속서류

❻ 검사인의 조사보고에 관한 재판서 등본(검사인 선임의 경우에 한함)

❼ 발기인총회 의사록(발기설립의 경우 이사 · 감사 선임의사록에 한함)

❽ 창립총회 의사록(모집설립의 경우에 한함)

❾ 이사회 의사록(대표이사 선임 의사록에 한함)

❿ 주금납입 보관증명서(또는 예금잔액 증명서)

⓫ 명의개서대리인을 둔 경우에는 계약 증명서류

⓬ 이사 · 감사 · 대표이사의 취임승낙서

⓭ 기타

　－ 회사설립에 관청의 허가가 필요한 경우 : 관청의 허가서

　－ 대리인에 의하여 신청하는 경우 : 대리권을 증명하는 위임장

　－ 이사의 인감증명(주식회사의 경우 이사의 도장은 상업등기소에 인감등록이 되어야 합니다. 따라서 주식회사의 등기신청서에 날인하는 이사의 도장은 신고된 인감이어야 하며, 등기신청인인 이사전원은 설립등기를 신청하기 전이나 적어도 그와 동시에 그 인감계를 제출해야 합니다)

　－ 소정의 등록세를 납부한 영수필 확인서, 주택채권을 매입한 증명서

■ 법인 설립 절차 도표

절차	법인 사업자
1. 정관의 작성 · 인증	① 발기인은 정관에 서명 날인해야 함 ② 정관의 인증은 소재지 관할 지방검찰청 소속 공증인이 함
2. 주식발행사항 결정	① 회사설립 시 발행주식 총수는 정관에 정해짐 ② 수종의 주식, 할증발행은 발기인 전체의 동의로 의결 ③ ②를 제외한 주식발행에 필요한 사항은 발기인 과반수 결의
3. 주식총수의 인수	① 각 발기인은 1주 이상, 주식총수를 서면으로 인수 ② 인수가액은 액면가 이상이어야 함
4. 출자의 이행	① 현금출자 : 인수가액의 전액을 현금납입 ② 현물출자 : 출자의 목적물인 재산인도와 등기 · 등록이전 서류를 완비하여 교부
5. 이사, 감사의 선임	① 발기인 의결권(인수주식 1주당 1개)의 과반수 결의 ② 이사, 감사 선임 ③ 이사는 취임 후 지체 없이 검사인 선임을 법원에 청구 ④ 이사회의 결의에 의하여 대표이사 선임
6. 검사인 선임신청과 검사인조사보고 (지분이 없는 임원이 없을 경우)	① 검사인 선임을 법원에 청구하는데 검사인 선임신청은 법무사에 의뢰하여 작성하고, 검사인 선임신청서에는 이사의 전원이 연서하여야 함 ② 검사인은 현물출자 등 변태설립사항 등에 대하여 조사하여 조사보고서 1부는 발기인대표에게 1부는 법원에 통보
7. 법인설립등기	① 조사보고서가 송달된 날로부터 20일 이내에 법인설립등기 신청서에 첨부서류를 붙여 신청 ② 구체적인 법인설립등기업무는 법무사에게 의뢰하여 실시하는 것이 유리함

2. 법인기업을 설립하고 개인기업을 양수하는 방법

이는 먼저 법인을 설립하고 개인기업을 사업양수·양도 계약에 의하여 대가를 치르고 모든 권리와 의무를 포괄적으로 승계하는 방법입니다. 재고자산과 기계설비·부동산 등이 있고 이를 담보로 한 부채가 많지 않거나 채권자로부터 채무자의 명의변경이 쉬울 때 적합한 방법입니다. 이 방법은 비교적 절차가 간편하며, 개인기업의 실적을 경력으로 인정받을 수 있다는 장점을 지닙니다. 또한 거래처나 사업의 일체성을 유지하기가 쉽습니다. 다만 기업재산의 파악과 이에 타당한 사업양수·양도 계약서가 사실에 부합하도록 작성해야 합니다.

또한 이 경우는 개인기업 폐업 시 잔존재화에 대해 부가가치세가 거래 징수되지 않습니다.

3. 현물출자방식에 의한 법인설립

개인기업을 법인기업에 현물출자(금전이외의 재산으로 출자)하는 방식입니다. 현물출자는 발기인에 한하므로 개인기업대표는 법인설립의 발기인이 되어야 합니다. 이 경우 법원이 선임한 검사인의 검사를 거쳐 현물출자가액을 확정하는 절차가 필요합니다. 이는 개인기업의 재고자산이나 고정자산이 많고 이를 담보로 한 채무가 많고 복잡하여 채무순위 변동 등의 이유로 채권자로부터 채무자의 명의변경을 동의받기 어려운 경우에 적합하나 그 절차가 복잡하고 시간이 오래 걸리는 단점이 있습니다. 현물출자방식에 의한 법인설립 시 일정 요건을 갖추면 양도소득세 이월과세, 취득세·등록세 면제 등의 세제혜택을 받을 수 있습니다.

11

창업할 때 인허가를
받아야 하는 분야는?

작은 출판사를 만들려고 합니다. 그런데 사업자등록을 하기 전에 출판사 등록을 먼저 해야 한다고 하네요. 어디로 가서 해야 하는 건지도 모르겠고, 혹시 등록 과정이 까다로워 출판사를 할 수 없다고 판정이 나면 어쩌지요?

출판업은 관할 구청에 출판사를 차린다는 것을 등록해야 하는 업종입니다. 출판물의 특성상 혹 국가의 이익에 반하는 책을 출간할 수 있음을 염려해 출판사 등록을 의무화했지만, 대부분 출판사 등록을 신청하면 어렵지 않게 등록증을 내줍니다. 출판사는 이 등록증이 있어야 출판 업종으로 사업자 등록을 할 수 있습니다.

출판사처럼 미리 등록증을 받아야 하는 경우도 있지만 쇼핑몰 운영을 위해 꼭 필요한 통신판매업신고는 사업자등록을 먼저 한 후 신청해야 합니다.

또 다른 사례를 알아볼까요? 3년여의 학원 강사 경험을 바탕으로 학원 사업을 하기로 결심한 김모 사장. 자기 자본 3천만 원에 소상공인시장진흥공단 창업자금 3천만 원을 받아 본격적으로 창업을 준비했습니다. 그런데 소상공인 창업자금을 받기 위해서는 사업자등록증이 필요해 부랴부랴 건물을 임차하고 세무서에서 사업자등록을 했습니다.

그런데 정작 학원 허가를 받으려고 하니 임차한 건물로부터 6m이내에 전자오락실이 있어 학원 허가를 받지 못했습니다. 건물을 다시 구하랴, 사업은 시작도 못했는데 이미 임차한 건물 임대료 및 관리비를 내랴 손해가 이만 저만이 아니었습니다.

이처럼 업종에 따라 허가, 등록, 신고를 해야 하는 경우가 있습니다. 따라서 창업하려는 분야가 이러한 인허가를 필요로 하는 업종인지 먼저 알아보고 해당 관청에 신청서를 제출하면 됩니다.

여기서는 비교적 적은 자본으로 창업할 수 있는 업종 중 인허가를 필요로 하는 종류만을 간단하게 소개했습니다. 좀 더 자세한 내용을 알고 싶다면 창업부터 운영 전반에 이르기까지 기업지원에 대한 모든 민원서비스를 처리하는 '기업지원플러스 G4B(www.g4b.go.kr:441)'에 접속해 [사업내용일괄변경]─[사업내용변경안내] 메뉴에서 [업종별 인허가 민원행정 안내]의 〈바로가기〉 버튼을 눌러 확인하면 됩니다. 기업지원플러스 G4B는 웹주소를 몰라도 포털 사이트 검색창에서 쉽게 찾을 수 있습니다.

허가	등록	신고
– 먹는 샘물 제조업	– 공연장업	– 건강보조식품판매
– 부동산 중개업	– 다단계 판매업	– 교습소
– 숙박업	– 동물의약품 제조업 등	– 결혼상담소
– 식품접객업	– 비디오 대여업	– 노래방
– 식품 제조 가공업	– 비디오방	– 동물병원
– 용역경비업	– 무역업	– 만화대여업
– 유기창업	– 사료제조업	– 목욕탕
– 유료노인복지시설	– 안경업소	– 무역대리업
– 유료직업소개사업	– 약국	– 방송프로그램제잡
– 의약품 도매상	– 양곡관리업	– 세탁소
– 의약품 및 의료용구 제조업	– 여행업	– 세척제제조업
– 전당포업	– 음반판매업	– 양곡매매업
– 주유소, 석유판매	– 인쇄업	– 옥외광고업
– 중고자동차 매매업	– 자동차운송알선	– 의약외품제조업
– 폐기물 처리업	– 출판업	– 위생관리용역업
– LP 가스 충전업	– 학원	– 이미용실
	– 예식장업	– 장난감제조업
		– 장례식장업
		– 정수기제조업
		– 체육시설업
		– 화장품제조업

12

쇼핑몰을 하려면
통신판매업신고가 필수?

●
●
●

쇼핑몰을 시작하려고 합니다. 사업자등록만 하면 되는 줄 알았더니 통신판매업신고를 해야 된다네요. 1~2년 정도는 큰 욕심 부리지 않고 경험을 쌓는다는 의미로 작게 하려고 하는데 꼭 통신판매업신고를 해야 하나요? 그냥 하면 안 되는지, 또 꼭 해야 한다면 어떻게 하는 것인지 알려주세요.

이제는 인터넷을 이용해 물건을 파는 전자상거래가 일상화되었습니다. 간혹 별도로 매장을 갖추지 않고 집이나 창고에 물건을 쌓아놓고 알음알음 물건을 파는 분들이 있습니다. 주로 현금으로 거래하기 때문에 거래내역을 완벽하게 감출 수 있다는 생각에 사업자등록을 하지 않고 영업을 하기도 합니다. 들키지 않는다면 세금을 내지 않아도 되니 그만큼 이득이라고 생각할 수 있겠지만 영업 사실이 드러나면 가산세는 물론 벌금까지 내야 합니다.

인터넷을 이용한 상거래는 오프라인 상거래에 비해 어떤 형태로든 흔적이 남기 때문에 몰래 물건을 팔 수 있다는 생각은 아예 접는 것이 현명합니다.

인터넷은 물론 전기통신, 우편, 신문, 잡지 등의 매체를 통해 광고를 하고 상품이나 용역을 제공하는 업종은 모두 통신판매업에 속합니다. 이 업종에 속하면 통신판매업을 한다는 신고를 관할 구청에 해야 합니다.

| 어떻게 신고할까? |

절차는 간단합니다. 사업자등록증 사본 1부와 도장을 갖고 사업지 주소에 해당하는 구청으로 가 신고서를 작성하고 도장을 찍어 제출하면 됩니다. 통신판매를 허가해 주는 것이 아니라 단지 신고만 하면 되는 것이므로 부담 갖지 않으셔도 됩니다. 법인일 경우에는 법인등기부등본도 가지고 가야 합니다.

| 꼭 신고해야 할 사항 |

통신판매업자는 다음과 같은 사항을 지켜야 한다고 법으로 명시해 놓았습니다. 이를 위반할 때는 영업정지 15일 이상 및 1천만 원 이하의 벌금이 부과됩니다.

> - **등록사항변경신고** : 사업자의 성명(법인인 경우에는 대표자), 사업장의 명칭 또
>   는 상호, 사업장의 소재지 및 전화번호가 실제 변경된 날부터 10일 이내 신고
> - **휴업, 폐업, 영업재개신고** : 영업의 휴지, 폐지 또는 영업을 재개할 경우 5일 전
>   에 신고해야 하고 휴업기간 또는 영업의 정지기간 중에도 환불 등의 업무는 계
>   속해야 합니다.

| 통신판매 광고를 할 때 지켜야 할 사항 |

인터넷 쇼핑몰에서 판매할 제품에 대해 광고를 할 때도 유의해야 할 사항들
이 있습니다. 이 또한 지키지 않으면 신고를 하지 않았을 때보다 무거운 처벌
을 받게 됩니다. 영업정지는 15일 이상, 그리고 3년 이하의 징역이나 5천만 원
이하의 벌금이 부과됩니다.

> - 통신판매업자의 상호, 주소, 전화번호
> - 상품의 종류 또는 용역의 내용
> - 상품의 판매가격 또는 용역의 대가
> - 상품대금 또는 용역대가의 지급시기 및 방법
> - 상품의 인도시기 또는 용역의 제공시기

□ 통신판매업신고서			처리기간
			3일

신고인	법인명 (상호)		
	소 재 지	(전화번호 :)	
	대표자 (성명)	서명㉑	주민등록번호
	주 소	(전화번호 :)	
	전자우편주소		
	인터넷 도메인이름		
	호스트서버소재지		
	참고사항	판매방식	TV홈쇼핑( ), 인터넷( ), 카탈로그( ), 신문잡지( ), 기타( )
		취급품목	종합몰( ), 교육/도서/완구/오락( ), 가전( ), 컴퓨터/사무용품( ), 가구/수납용품( ), 의류/패션/잡화/뷰티( ), 레져/여행/공연( ), 건강/식품( ), 성인/성인용품( ), 자동차/자동차용품( ), 상품권( ), 기타( )

전자상거래등에서의소비자보호에관한법률 제12조제1항, 동법시행령 제13조
동법시행규칙 제8조제1항의 규정에 의하여 위와 같이 신고합니다.

년   월   일

신고인 :   (서명 또는 인)
※ 위 신고인과 동일인이 아닐 경우에만 기재합니다.

북구청장 귀하

※ 구비서류	수수료
1. 사업자등록증 사본 1부(신규로 통신판매업 신고를 하는 경우에는 신고증 교부일부터 30일 이내에 제출합니다)	없 음
2. 법인등기부등본 1부(법인인 경우에 한합니다. 다만, 법인의 설립등기 전에 신고를 하는 경우에는 발기인의 주민등록표등본 1부를 제출합니다)	

〈통신판매업 신고서 양식〉

13

벤처기업이 되기 위해
갖추어야 할 조건은?

동영상 강의를 인터넷으로 서비스하는 회사를 설립하려고 합니다. 강의를 동영상으로 구현하는 기술이 다른 사이트보다 월등하다고 자부하기 때문에 벤처 인증을 받으려고 합니다. 벤처 인증을 특별한 첨단 기술을 갖고 있는 업체만 받을 수 있는 것인가요? 어떤 업체들을 벤처기업이라고 하나요?

벤처란 정확하게 규정된 정의는 없지만 우리나라에서는 기술력이 있고 앞으로 충분히 성장할 가능성이 있는 업체를 의미합니다. 기술력과 가능성만을 보고 투자관련 업체들이 자금을 지원하고, 정부도 벤처기업을 위한 여러 가지 지원들을 하기 때문에 많은 업체들이 벤처로 인증받기를 원합니다.

1999년 벤처육성법이 시행되었을 당시에는 수많은 벤처 캐피탈들이 앞을 다투어 신기술을 표방하는 벤처기업들에게 자금을 대폭 지원했습니다. 때문에 벤처 인증만 받으면 적게는 수억에서 수백 억에 이르는 어마어마한 자금을 어렵지 않게 지원받을 수 있었습니다. 벤처 붐이 한참이었던 2000~2001년에는 '벤처'는 곧 무한한 가능성과 부를 함께 안겨다주는 통로나 마찬가지였습니다.

하지만 몇 년 지나지 않아 제대로 수익을 창출하지 못하는 부실한 벤처기업들이 줄지어 도산하면서 벤처를 바라보는 시각도 많이 달라졌습니다. 더 이상 벤처라는 이름만으로는 특혜에 가까운 지원들을 받을 수 없게 되었습니다.

그렇지만 진정한 기술력을 갖추고, 잠재적인 시장을 끌어낼 수 있는 벤처기업들에게는 여전히 길이 많이 열려 있습니다. 따라서 벤처 붐이 한 풀 꺾인 지금에도 벤처기업으로 인정받으려는 업체들은 여전히 많이 존재하고 있습니다.

그럼 어떤 업체들을 벤처기업으로 인정해줄까요? 벤처기업육성에 대한 특별조치법에서는 벤처기업의 기준을 다음과 같이 규정하고 있습니다. 다음 5가지 중 어느 하나에만 해당해도 벤처기업으로 인정됩니다.

| 1. 벤처투자유형 |

벤처투자유형으로 인정받으려면 ① 법령상 적격투자 기관으로부터 투자받은 금액이 5천만 원 이상이어야 하고, ②자본금 대비 투자금액이 10% 이상이어야 합니다. 적격투자 유형은 2021년 2월 12일에 관련 법령이 개정됨에 따라 기존 창투사, 벤처투자조합, 신기사, 산업은행, 기업은행, 개인투자조합에 액

셀러레이터, 크라우드펀딩, 농식품투자조합, 산학연협력기술지주회사, 공공연구기관첨단기술지주회사, 신기술창업전문회사, 신용보증기금, 기술보증기금 8개가 추가돼 총 13개입니다.

| 2. 연구개발유형 |

업종	매출 규모별 연구개발 투자비율(%)		
	50억 원 미만	50억 원 이상~ 100억 원 미만	100억 원 이상
의약품	6	6	6
기계 장비 및 장비제조(단, 사무용기계 및 장비 제외)	7	5	5
컴퓨터 및 주변장치	6	6	5
사무용기계 및 장비	6	6	5
전기장비	6	5	5
반도체 및 전자부품	6	5	5
의료, 정밀, 광학기기 및 시계	8	7	6
기타제조업	5	5	5
도매 및 소매업	5	5	5
통신업	7	5	5
소프트웨어 개발 공급업	10	8	8
컴퓨터 프로그래밍, 시스템 통합 관리업	10	8	8
정보서비스업	10	8	8
인터넷산업	5	5	5
기타 산업	5	5	5

〈업종별 연구개발 투자비율〉

연구개발기업으로 인정받으려면 ① 기업부설연구소, 연구전담부서, 기업부설 창작연구소, 창작부서 중 1개를 보유해야 하며, ② 직전 4분기 연구개발비가 5천만 원 이상이고, 총매출액의 5~10% 이상이어야 하며 ③연구개발기업 사업성평가기관으로부터 사업성이 우수한 것으로 평가라는 세 가지 조건을 충족해야 합니다. 연구개발비 비율은 벤처확인종합관리시스템(https://www.smes.go.kr/venturein)에서 확인할 수 있습니다. 연구개발기업 사업성을 평가하는 기관은 신용보증기금, 중소벤처기업진흥공단입니다.

| 3. 혁신성장유형 |

혁신성장유형으로 인정받으려면 벤처기업 확인기관으로부터 기술의 혁신성과 성장성이 우수한 것으로 평가받아야 합니다. 전문평가기관은 기술보증기금, 나이스평가정보(주), 연구개발특구진흥재단, 한국과학기술정보연구원, 한국농업기술진흥원, 한국발명진흥회, 한국생명공학연구원, 한국생산기술연구원, 한국평가데이터(주) 등입니다.

구체적인 평가지표는 우측 표와 같습니다. 제조업과 서비스업을 구분해 평가지표가 조금 다른데, 표현만 다를 뿐, 실제적인 내용과 의미는 동일하다고 보아도 무방합니다.

대분류	중분류	소분류		비율	
		지표명	평가내용	창업 3년 이상	창업 3년 미만
기술 혁신성	혁신 기반	자원성	연구개발비 투자비율	15%	미적용
		역량성	전담 연구조직과 인력의 전문성	20%	30%
		창조성	신기술(제품) 여부(제조업) 신서비스(기술) 여부(서비스업)	15%	20%
	혁신 활동	실현성	핵심 기술 성숙도(TRL) 진단(제조업) 핵심 서비스 개발과정(NSD) 진단(서비스업)	15%	15%
		발전성	기술 발전 노력과 의지(제조업) 서비스(기술) 발전 노력과 의지(서비스업)	10%	10%
	혁신 성과	확인성	기술 경쟁력 평가(제조업) 서비스(기술) 경쟁력 평가(서비스업)	15%	15%
		협업성	외부 기관과의 협력 실적	10%	10%
사업 성장성	성장 기반	도전성	기업가정신	25%	40%
		전문성	경영주 기술지식과 경험	10%	15%
	성장 활동	구체성	핵심 사업 경영준비단계(BRL) 진단	10%	15%
		노력성	사업성장노력	30%	30%
	성장 성과	산출성	매출액과 영업이익률	10%	미적용
		효과성	고용증감률	5%	미적용
		지속성	지속가능경영 (성과공유, 가족친화, 친환경 등)	10%	미적용

〈혁신성장유형의 평가지표〉

| 4. 예비벤처유형 |

아직 창업 전이라도 예비벤처유형으로 신청할 수 있습니다. 법인 도는 개인 사업자 등록을 준비 중이면 신청할 수 있는데, 벤처기업확인기관으로부터 기술의 혁신성과 사업의 성장성이 우수한 것으로 평가받은 사람이어야 합니다. 전문평가기관은 기술보증기금이며, 기술의 혁신성과 사업의 성장성을 평가합니다.

14

벤처기업
확인 절차는?

•
•
•

오랫동안 연구해 온 음성인식기술이 드디어 결실을 맺어 그 동안 함께 고생했던 동료들과 함께 창업을 하려고 합니다. 기술력은 국내 최고라고 자부하지만 자본력이 없어 우선 벤처 인증을 받으려고 합니다. 어떤 절차를 밟아야 할까요?

벤처기업 확인은 벤처확인종합관리시스템(https://www.smes.go.kr/venturein)에서 확인할 수 있습니다. 신청 후 확인 결과를 안내하는 기간은 유형별로 다릅니다. 벤처튜자유형은 약 30일, 연구개발유형과 혁신성장유형, 예비벤처유형은 45일 정도 소요됩니다.

벤처기업으로 인정받아도 유효기간이 있기 때문에 유효기간이 만료되어 재확인하고자 할 경우 신규 벤처기업확인과 동일한 신청, 평가절차를 거쳐야 합니다.

벤처확인종합관리시스템에서는 신청과 접수, 확인까지 논스톱으로 할 수 있습니다. 신청할 때 나에게 맞는 벤처유형을 알아볼 수도 있고, 유형별로 제출해야 할 서류도 친절하게 안내하고 있습니다. 꼼꼼하게 살핀 후 온라인으로 신청서를 작성하고 필요한 서류를 제출하면 신청이 완료됩니다.

신청이 접수되면 서류를 검토해 서류가 미비할 경우 보완요청을 하고 문제가 없으면 확인수수료 납부를 안내합니다. 확인수수료는 유형별로 다르며 유형과 상관없이 정부가 10만 원을 지원합니다.

확인 유형	수수료		
	합계	정부지원금	기업부담금
벤처투자	275,000원		175,000원
연구개발	495,000원		395,000원
혁신성장	605,000원	100,000원	505,000원
이노비즈 연계	440,000원		340,000원 (이노비즈 인증 후 6개월 이내 신청 시)
예비벤처	330,000원		230,000원 (예비벤처유형으로 확인받은 후 1년 이내 신청 시)
예비벤처	495,000원		395,000원

〈벤처기업 확인 수수료〉

확인 수수료까지 납부하면 전문평가기관이 본격적으로 평가를 시작합니다. 전문평가기관 및 평가사항에 따라 확인유형별, 업종별, 지역별로 최적화된 전문평가기관이 자동 배정됩니다. 심의가 모두 끝나면 문자를 통해 확인 결과를 알려줍니다. 만약 기업이 확인 결과에 불복하면 통보받은 날로부터 30일 내에 〈마이 페이지〉에서 이의를 신청할 수 있습니다.

확인 유형	전문평가기관	평가사항	
		요건검토	현장실제조사
벤처투자유형	한국벤처캐피탈협회	투자요건 충족 여부 검토	
연구개발유형	신용보증기금 중소벤처기업진흥공단	연구조직 및 연구개발비 산정요건 검토	사업성장성 평가
혁신성장유형	기술보증기금 나이스평가정보(주) 연구개발특구진흥재단 한국과학기술정보연구원 한국농업기술진흥원 한국발명진흥회 한국생명공학연구원 한국생산기술연구원 한국평가데이터(주)	–	기술혁신성, 사업성장성 평가
예비벤처유형	기술보증기금	–	기술혁신성, 사업성장성 평가

〈확인유형별 전문평가기관 및 평가사항〉

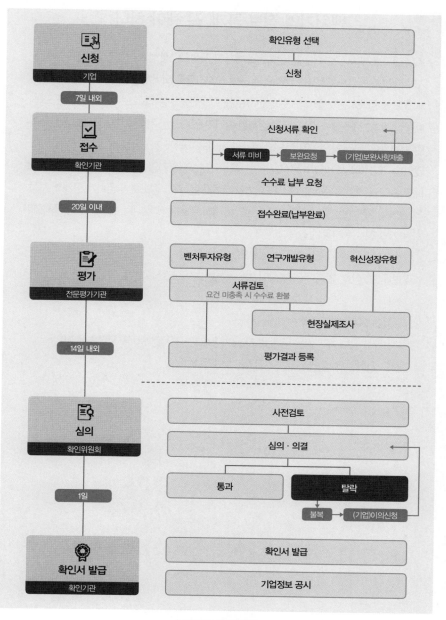

〈벤처기업 확인절차〉

KEY POINT 벤처기업 정보 공개, 꼭 해야 하나

2006년 6월 '벤처기업육성에관한특별조치법'이 개정되면서 벤처기업의 기업정보를 반드시 기술보증기금이 운영하는 벤처인을 통해 공시하도록 되어 있습니다. 이처럼 벤처기업의 정보를 공개하는 것을 법으로 정한 이유는 그동안 벤처기업이 보여준 부정적인 모습 때문입니다. 1999년 IMF 이후 국가 경제를 살리기 위해 벤처기업을 대대적으로 지원했지만 벤처 기업 본래의 역할에 집중해 성공한 기업보다 국가 지원금을 낭비한 기업들이 더 많았습니다. 따라서 비리의 온상처럼 인식되어 있는 벤처기업에 대한 부정적 이미지를 없애고 본래의 역할에 충실할 수 있도록 하기 위해서는 기업 정보를 투명하게 공개해 시장의 신뢰를 회복하는 것이 시급하다고 판단해 제도를 만든 것입니다. 벤처기업이 공시해야 하는 기업 정보는 다음과 같습니다.

① 일반정보: 상호, 업종, 등기부상의 법인등록번호, 주소, 전화번호, 주요 제품 및 그 변경 사항
② 재무정보: 대차대조표와 손익계산서
③ 투자 관련 정보: 투자받은 금액, 투자 시기 및 그 변경사항(벤처투자유형에 한함)
④ 벤처기업확인서: 발급일, 유효기간 및 그 변경사항

15

벤처기업이 되면
어떤 혜택을 받을 수 있을까?

•
•
•

드디어 벤처기업확인을 받았습니다. 들리는 말로는 벤처기업확인을 받으면 받을 수 있는 혜택이 많다고 들었는데, 구체적으로 어떤 혜택이 있는지 잘 모르겠습니다. 벤처기업에 도움이 되는 혜택들은 어떤 것들이 있을까요?

1999년 처음 정부가 벤처기업을 육성하기 위해 대대적인 지원을 시작한 이후 지금까지 벤처기업은 미래산업을 주도할 수 있는 잠재력 있는 기업으로 인정받고 있습니다. 그만큼 벤처기업으로 인정받으면 받을 수 있는 혜택도 많습니다. 일일이 열거하기도 힘들 정도로 많은데, 그 중 대표적인 몇 가지만 소개하면 다음과 같습니다.

우선 세제 혜택이 매력적입니다. 창업벤처중소기업(창업 이후 3년 이내에 벤처 확인을 받은 기업)은 벤처기업으로 확인받은 날로부터 최대 5년간 법인세나 소득세를 50% 감면받을 수 있습니다. 또한 취득세나 재산세도 감면됩니다. 창업벤처중소기업은 최초 벤처확인일로부터 4년 이내, 청년창업벤처기업의 경우에는 최초 벤처확인일로부터 5년 이내에 취득한 부동산에 한해 취득세 75%를 감면받을 수 있고 재산세는 최초 벤처확인일부터 3년간 면제받고, 이후 2년간 50% 감면받을 수 있습니다.

이 밖에도 취득세 2배, 등록면허세 3배, 재산세 5배 중과 적용이 면제됩니다. 다만 수도권과밀억제권역 내 벤처기업집적기설 혹은 산업기술단지에 입주한 벤처기업육성 촉진기구 내 벤처기업만이 혜택을 받을 수 있습니다.

기술보증기금으로부터 보증받을 수 있는 금액도 일반 기업보다 많습니다. 일반기업 대상 보증한도가 30억 원인데 비해 벤처기업은 50억 원이며, 벤처기업에 대한 이행보증과 전자상거래 담보보증은 70억 원까지 가능합니다.

코스닥에 상장할 때도 우대받을 수 있는 사항이 많습니다. 자기자본, 법인세비용차감전계속이익에 대한 심사기준도 일반 기업의 절반밖에 안 됩니다.

인력에 대한 우대사항도 많습니다. 우선 기업부설연구소 또는 연구개발전담부서의 인정기준이 완화되었습니다. 소기업의 경우 3명(3년 미만 2명), 중기업 5명, 매출 5천억 미만 중견기업 7명, 대기업 10명 이상인 데 비해 벤처기업은 2명 이상이면 됩니다.

심사기준	일반기업	벤처기업
자기자본	30억 원	15억 원
법인세비용차감전계속이익	20억 원	10억 원
기존 시가총액 90억 원 이상이면서 법인세비용차감전계속이익	20억 원	10억 원
법인세비용차감전계속사업이익이 있고 기준 시가총액 200억 원 이상이면서 매출액	100억 원	50억 원
기준 시가총액 300억 원 이상이면서 매출액	100억 원	50억 원

〈벤처기업 금융 관련 우대사항〉

기업부설창작연구소 또는 기업창작전담부서의 인정기준도 완화되었습니다. 창작전담요원 수는 일반기업 10명, 중소기업 5명 이상인데, 벤처기업은 3명 이상입니다.

스톡옵션 부여 대상도 확대되었습니다. 임직원뿐만 아니라 기술, 경영 능력을 갖춘 외부인, 대학, 연구기관, 벤처기업이 주식의 30% 이상 인수한 기업의 임직원까지 모두 스톡옵션을 받을 수 있게 되었습니다. 총 주식 수 대비 스톡옵션 부여 환도 확대되었습니다. 일반기업 10%, 상장법인 15%인데 벤처기업은 50%입니다.

광고비도 지원해줍니다. TV나 라디오 광고비를 3년간 최대 70% 할인받을 수 있습니다. TV나 라디오 중 하나를 선택해 TV는 50%, 라디오는 최대 70%까지 지원받을 수 있습니다.

이 밖에도 벤처확인기업을 지원하는 제도들이 많은데, 자세한 내용은 벤처확인종합관리시스템(https://www.smes.go.kr/venturein)에서 확인 가능합니다.

창업자금

01

창업자들을 위한 정책자금은
어떤 것들이 있나

● ● ●

　　　　창업을 지원해주는 정책자금들이 꽤 많다고 하는데, 왜 이렇게 멀게만 느껴지는지 모르겠습니다. 절차도 복잡한 것 같고, 심사기준도 까다로워 웬만해선 정책자금을 지원받기가 힘들다고 들었습니다. 일반 사업자들이 비교적 쉽게 다가갈 수 있는 창업 지원 정책자금은 어떤 종류가 있나요?

창업을 할 때 가장 머리를 아프게 하는 문제 중 하나가 '자금마련'입니다. 규모가 크든 작든 자금이 부족해 어려움을 겪습니다.

담보로 제공할 그럴듯한 부동산도 없고, 창업을 준비 중이거나 창업한 지 얼마 안 돼 당연히 매출도 보잘것없습니다. 이런 창업자들은 누구나 한번쯤은 나라에서 푸는 돈을 빌리고 싶어 합니다. 은행보다 금리도 싸고, 상환조건도 좋기 때문에 나라 돈을 받을 수만 있다면 그보다 좋은 것은 없겠지요.

정책 자금의 종류는 상당히 많지만 창업자들을 위한 정책자금은 몇 가지로 압축됩니다. 특히 소규모 사업자들이 신청해 볼 수 있는 정책자금은 한정되어 있습니다. 대표적인 정책자금의 종류는 다음과 같습니다.

| 소상공인시장진흥공단 소상공인 정책자금 |

소규모 자영업자들이 그나마 쉽게 접근할 수 있는 것이 '소상공인 정책자금' 입니다. 소상공인 정책자금은 크게 '성장기반자금', '일반경영안정자금', '특별경영안정자금'으로 구분됩니다. 일반적으로 매년 1월 10일~15일 사이에 정책자금의 규모와 시행 방법 등이 공시되며, 공시된 날로부터 준비된 자금이 소진될 때까지 지원합니다.

소상공인 정책자금의 규모는 매년 다릅니다. 일반적으로 코로나 전에는 약 1조~2조 원 사이였는데, 코로나로 인해 경기가 급속도로 침체된 이후에는 규모가 4조 이상 늘기도 했습니다. 정책자금 규모가 얼마가 되었든 정책자금은 한정되어 금방 소진되니 수시로 소상공인시장진흥공단 홈페이지에 들러 정책자금 상황을 살펴볼 필요가 있습니다.

소상공인 정책자금은 말 그대로 소상공인이 신청할 수 있습니다. 소상공인이란 상시 근로자 5인 미만 업체를 운영하는 사업자를 말하며, 제조업, 건설업, 운송업, 광업은 상시 근로자 10인 미만 업체를 말합니다. 유흥 향락 업종,

전문업종, 금융법, 보험업, 부동산업은 제외입니다.

│ 중소벤처기업진흥공단의 정책자금 │

사업 규모가 중소기업 규모에 해당하며, 필요한 자금 규모가 억 단위일 경우에는 중소벤처기업진흥공단에서 지원하는 정책자금을 이용할 수 있습니다. 이 자금은 기술력이 우수하고 사업성이 있지만 자금력이 부족한 중소기업과 벤처기업을 활성화하고 고용창출을 도모하기 위한 정책자금입니다.

중소벤처기업진흥공단은 기업의 성장 단계별 특성과 정책 목적에 따라 '혁신창업사업화자금', '신시장진출지원자금', '신성장기반자금', '재도약지원자금', '긴급경영안정자금' 등 5개 세부 자금으로 구분하여 정책자금을 지원합니다.

이 중 처음 사업을 시작하거나 창업한 지 얼마 안 돼 운영에 어려움을 겪는 사업자에게 도움이 많이 되는 자금은 혁신창업화자금입니다. 이 정책자금은 사업개시일로부터 7년 미만(신청, 접수일 기준) 혹은 예비창업자이면 신청할 수 있습니다.

대표자가 만 39세 이하로 사업개시일로부터 3년 미만(신청, 접수일 기준)인 중소기업 및 창업을 준비 중인 사업자라면 청년전용창업자금을 신청해볼 수 있습니다. 자금신청, 접수 후 심의위원회에서 사업계획서 등을 평가해 지원 여부를 결정한 후 중소벤처기업진흥공단에서 직접 대출해줍니다. 기업당 대출한도가 1억 원이고, 제조업 및 지역특화(주력) 산업은 2억 원인 데다 대출금리도 시중금리보다 훨씬 저렴하고(2023년 3월 기준 2.5%), 무엇보다 고정금리여서 안정적으로 사업을 하는 데 도움이 될 것입니다.

이 밖에도 중소벤처기업진흥공단은 다양한 유형의 정책자금을 지원합니다. 창업을 할 때뿐만이 아니라 기업을 운영하면서 사업을 확장하거나 수출을 할 때, 경영개선을 하고 싶을 때 신청할 수 있는 정책자금들이 많습니다. 자금 지원

규모도 최소 억 단위 이상이므로 적절한 정책자금을 신청하면 큰 도움이 될 수 있습니다.

구분	세부	신청요건	한도	금리	기간
혁신창업 사업화 자금	창업기반 지원자금	업력 7년 미만 창업자 및 예비창업자, 신산업 창업 분야는 사업개시일로부터 10년 이내인 기업	60억 원 (운전자금 연간 1억 원)	정책자금 기준금리 (분기별 변동금리) −0.3%	5년 (2년 거치)
	창업기반 지원자금 (청년전용 창업자금)	대표자가 만 39세 이하로서 업력 3년 미만인 중소기업 또는 중소기업을 창업하는 자	1억 원 (제조업 및 지역특화 (주력)산업은 2억 원)	2.5% (고정금리)	시설 10년 운전 6년
	개발기술 사업화자금	① 중소벤처기업부, 산업통상자원부 등 정부 또는 지자체 출연 연구개발사업에 참여하여 기술개발에 성공(완료)한 기술 ② 특허, 실용신안 또는 저작권 등록 기술 ③ 정부 및 정부 공인기관이 인증한 기술 ④ 국내외의 대학, 연구기관, 기업, 기술거래기관 등으로부터 이전받은 기술 ⑤ 「기술의 이전 및 사업화 촉진에 관한 법률」에 따른 기술평가기관으로부터 기술평가인증을 받은 기술 ⑥ 공인 기업부설연구소 및 연구개발전담부서 보유 기업이 개발한 기술	30억 원	정책자금 기준금리 (변동)	시설 10년 운전 6년

		⑦ 중소벤처기업부가 인가한 기관과 기술자료 임치계약을 체결한 기술 ⑧ 특허청의 IP–R&D 전략지원 사업에 참여하여 개발을 완료한 기술 ⑨ Inno–Biz, Main–Biz, 벤처기업, 지식재산경영인증 기업 보유기업의 자체 기술 ⑩ 크라우드펀딩 투자 유치 기업(1억 원 이상)의 자체 기술 ⑪ 혁신제품 지정증서 보유기업이 개발한 기술 ⑫ 대스타 해결사 플랫폼 최종 선정 창업기업 선정기술			
신시장 진출지원 자금	내수기업 수출화기업	수출실적 10만 불 미만 중소기업 ① (수출 초보기업) 1불~10만불 미만의 수출실적이 있는 기업 ② (디지털수출기업화) 전자상거래를 활용한 생산품(용역 · 서비스 포함) 수출 실적보유(준비 중 포함) 또는 중기부 '전자상거래활용사업'에 참여 중인 중소기업 ③ (수출지원사업 참여기업) 기타 정부 및 지자체 수출지원사업 참여기업 ④ (기술 수출 중소기업) 기술 수출 실적을 보유(협약 · 계약 포함)한 중소기업	5억 원	정책자금 기준금리 (변동)	5년
신성장 기반자금	혁신성장 지원자금	업력 7년 이상의 중소기업	60억 원	정책자금 기준금리 (변동)+0.5%	시설 10년 운전 5년

	Net-Zero 유망기업 지원	그린기술 사업화, 저탄소, 친환경 제조로 전환을 추진 중인 중소기업	60억 원	정책자금 기준금리 (변동)+0.5%	시설 10년 운전 5년
	제조현장 스마트화	스마트공장 추진기업 중 '스마트공장 보급사업' 등 참여기업, 스마트공장 등 ICT 기반 생산 효율화를 위한 자동화 시설 도입 기업, 탄소중립형 스마트 공장 지원사업 협약 기업	100억 원	정책자금 기준금리 (변동)	시설 10년 (담보 4년, 신용 3년 거치) 운전 5년 (2년 거치)
재도약 지원자금	사업전환 자금	'중소기업 사업전환 촉진에 관한 특별법'에 의한 '사업전환계획'을 승인받은 중소기업으로 승인일로부터 5년 미만(신청일 기준)인 기업	100억 원	정책자금 기준금리 (변동)	시설 10년 (담보 5년, 신용 3년 거치) 운전 5년 (3년 거치)
	구조개선 전용자금	① 은행권 추천 경영애로 기업 중 아래 중 하나에 해당되는 기업 • 은행의 기업신용위험평가 결과 경영정상화 가능 기업(A, B, C 등급) • 은행 자체프로그램 워크아웃 추진 기업으로 워크아웃계획 정상이행 중인 경우 • 자산건전성 분류 기준 '요주의' 등급 이하 • 3년 연속 영업현금흐름(-) • 3년 연속 이자보상배(비)율 1 미만) ② 정책금융기관(중진공, 신보, 기보)이 지정한 부실징후기업 ③ 채권은행협의회 운영협약 또는 기업구조조정 촉진법에 의한 워크아웃 추진 기업으로 워크아웃계획을 정상 이행 중인 경우	3년간 운전자금 10억 원 이내	정책자금 기준금리 (변동)	운전 5년 (2년 거치)

		④ 「채무자 회생 및 파산에 관한 법률」에 따라 회생계획인가 및 회생절차종결 후 3년 이내 기업으로 법원에서 승인한 회생계획을 정상 이행 중인 경우 ⑤ 진로제시 컨설팅 결과 '구조개선' 대상으로 판정된 기업 ⑥ 아래 사항 중 하나에 해당되어 한국자산관리공사(캠코)에서 금융지원을 추천한 '캠코 협업 금융지원' 대상 기업 ⑦ '선제적 자율구조개선 프로그램'에서 지원을 결정한 기업			
	재창업 자금	중소기업을 폐업하고 새로운 중소기업을 설립한 업력 7년 미만 재창업기업 또는 예비창업자	60억 원	정책자금 기준금리 (변동)	시설 10년 (담보 5년, 신용 5년 거치) 운전 6년 (3년 거치)
긴급경영 안정자금	긴급경영 안정자금 (재해중소 기업지원)	'재해 중소기업 지원지침'에 따라 '자연재난' 및 '사회재난'으로 피해를 입은 중소기업	10억 원	1.9%(고정)	운전 5년 (2년 거치)
	일시적 경영애로	① 경영애로 사유'로 일정 부분 피해('② 경영애로 규모')를 입은 일시적 경영애로 기업 중 경영정상화 가능성이 큰 기업 ② 경영애로 규모 : 매출액 또는 영업이익이 10% 이상 감소한 기업, 대형사고(화재 등)로 피해규모가 1억 원 이상인 기업 ③ 신청기한 : 경영애로 피해 발생(피해 비교 가능시점) 후 6개월 이내	10억 원 (3년간 15억 원 이내)	정책자금 기준금리 (변동)+0.5%	운전 5년 (2년 거치)

02

정책자금을 신청할 때
신경 써야 할 사업계획서 항목은?

●
●
●

Q　　　사업계획서 양식을 보니 항목이 생각보다 상당히 많습니다. 혼자서 보고 끝날 것이 아니라 정책자금을 받기 위해 작성하는 사업계획서이니만큼 신경이 많이 쓰입니다. 이 많은 항목들 중 좀 더 중요하게 심사하는 항목이 있을 것 같은데, 아니면 모든 항목을 있는 그대로 솔직하게 적어 넣기만 하면 되는 건가요?

자금을 지원해주는 정부기관이나 은행, 창투사는 수많은 사업계획서를 검토합니다. 우스갯소리지만 기업 대출을 담당하는 어느 은행원은 '사업계획서만 보고도 이 사업이 성공할 것인지 실패할 것인지 감이 온다.'라고 말합니다. 그만큼 사업계획서는 자금을 지원받을 때 중요한 역할을 한다는 것을 시사하는 것이지요.

특히 창투사같은 투자업체에는 더욱 더 많은 사업계획서가 몰립니다. 산더미처럼 쌓여있는 사업계획서를 담당자들이 모두 꼼꼼하게 읽어주기를 기대한다면 큰 오산입니다. 보통 사업 아이템에서 절반 이상 탈락하고, 아이템이 눈길을 끌었다 해도 사업계획서의 내용이 현실성이 떨어지거나 짜임새가 없으면 바로 휴지통으로 들어갑니다. 결국 최종적으로 투자 대상으로 선정될 확률은 최대한으로 잡아도 10% 미만에 불과합니다. 투자가 아닌 자금 대출의 경우 얘기는 조금 달라지지만 사업계획서가 중요한 판단의 근거가 되는 것은 마찬가지입니다.

그렇다면 이렇게 중요한 사업계획서에는 어떤 내용들을 담아야 할까요? 어떤 분야인가에 따라 내용이 조금씩 달라지지만 보통 창업자와 경영진 관련 정보, 사업 아이템에 대한 소개와 시장 조사 및 앞으로의 전망, 마케팅 계획, 자금 계획 등이 중심을 이룹니다.

이 중 정책자금 지원여부를 결정할 때 주의 깊게 보는 내용들은 보통 다음과 같습니다.

│ 창업자와 주요 경영진에 대한 정보 │

보통 회사를 평가할 때는 매출액과 향후 발전 가능성을 많이 봅니다. 하지만 창업 회사는 매출이 발생하기 전이므로 객관적으로 평가를 할 만한 자료가 없기 때문에 사업 아이템과 이를 수행해 나갈 창업자 및 경영진의 능력을 중요하게 여깁니다.

　창업자의 경력이 새로 시작하려는 사업 아이템과 연관성은 있는지, 학력은 어느 정도인지, 사업에 적합한 소질과 적성을 갖고 있는지, 자금 조달 능력은 어느 정도인지 살펴봅니다.

▶ 경력과 사업 아이템과의 연관성 : 음식점에서 요리사로 일했던 사람이 모바일 관련 서비스 회사를 창업한다고 하면 어떨까요? 당연히 과연 저 사람이 이 사업을 성공적으로 수행할 수 있을 것인지 의문을 품게 됩니다. 창업자의 경력이 사업 아이템과 연관성이 높고 학력이 높으면 좋은 점수를 받을 수 있습니다.

▶ 시책 호응도 : 예를 들어 정부에서 주관하는 창업 교육 과정을 이수하였다든가, 현재 창업보육센터에 입주해 있다면 우대를 받습니다.

▶ 자금조달능력 : 맨주먹으로 빈손 창업을 하는 사람보다 창업자 자신이 어느 정도 자금을 조달할 수 있는 능력이 있다면 유리합니다. 보유재산정도, 타인자금조달 가능성이 소요 자금의 50% 이상인 경우 우대합니다.

▶ 신용도 : 창업자의 신용도 아주 중요합니다. 은행에 불량거래자로 등록되어 있거나 연체 사실이 있으면 정책자금을 신청하는데 불리합니다.

| 기술성 및 사업성 관련 정보 |

　창업자와 경영진에 대한 정보보다 더 중요한 것이 사업 아이템입니다. 사업 아이템이 얼마나 독창적인지, 상품화했을 때 경쟁력은 있는지, 이를 제대로 상품화할 수 있는 기술력은 보유하고 있는지, 전망은 있는지 등을 설득력 있게 입증해야 합니다.

▶ 독창성 : 이미 포화상태인 분야보다는 남들이 시도하지 않았던 새로운 아이템일수록 유리합니다.

▶ 시장성 : 독창성은 인정되나 시장이 형성되어 있지 않거나 시장 규모가 너무 작으면 불리합니다. 또한 현재 시장에서 경쟁사가 있거나 향후 경쟁업체가 출현할 가능성이 있다면 그만큼 점수가 깎입니다.

▶ 성장성 : 당장은 시장규모가 작더라도 향후 크게 성장할 수 있는 잠재력을 갖추었다면 높은 점수를 받을 수 있습니다.

▶ 안전성 : 이미 상품을 판매할 수 있는 채널을 확보했거나 매출실적이 있으면 유리합니다.

▶ 기술수준 : 벤처평가 우수기업, 정보통신 신기술 지정, ISO 등 공인된 기관으로부터 우수평가 여부를 받으면 유리합니다.

| 국민경제 기여도 관련 사항 |

정책 자금 수혜자들 중 상당수는 해외 시장에 진출하거나 진출 가능성이 많은 업체들입니다. 사업 아이템이 수출 가능성이 높거나 현재 우리나라에서 수입해서 쓰고 있는 물품을 대체할 수 있는 아이템이면 유리합니다.

또한 국가가 지원하는 대상 업종에서 신기술을 개발한 경우도 우대합니다.

03

소상공인 정책자금은
누가, 얼마나 신청할 수 있나?

●
●
●

아동용품을 전문적으로 파는 쇼핑몰을 준비 중입니다. 창업자금이 최소 5천만 원이 필요한데, 지금 준비된 자금은 3천만 원뿐입니다. 일단 저와 제 동생 둘이서 시작하려고 하는데, 어떻게 나머지 2천만 원을 만들면 좋을지 모르겠습니다. 주변에는 돈을 빌릴만한 사람이 아무도 없고, 담보로 제공할 부동산도 없어요. 어떻게 하면 좋죠?

두 명이서 쇼핑몰을 열 것이라면 '소상공인 정책자금'을 제일 먼저 생각해 볼 수 있습니다. 이 자금은 일정한 담보도, 기술력도 없는 소규모 사업자들을 위해 마련된 것입니다.

소상공인시장진흥공단에서 지원하는 정책자금은 크게 '성장기반자금', '경영안정자금', '특별경영안정자금'으로 구분되는데, 세부적으로 대상과 목적이 다른 다양한 자금이 있으니 잘 살펴보고 신청하면 됩니다.

| 직접대출 vs 대리대출 |

소상공인시장진흥센터에서 지원하는 정책자금을 살펴보면 직접대출과 대리대출로 구분된 것을 알 수 있습니다. 직접대출 혹은 대리대출만 가능한 자금도 있고, 같은 종류의 정책자금인데도 직접대출과 대리대출이 구분된 자금도 있습니다.

직접대출은 해당 기관(소상공인시장진흥센터)에서 신청인에게 직접 자금을 지급해주는 방식입니다. 자금이 필요할 때 해당 기관에 신청해 승인이 되면 약정을 체결한 후 바로 신청 기관으로부터 자금을 받을 수 있습니다. 심사를 한 번만 받으면 되기 때문에 번거롭지 않습니다.

대리대출은 말 그대로 해당 기관이 아닌 다른 곳이 대리로 대출해주는 것을 의미합니다. 즉, 해당 기관에 정책자금을 신청하면 해당기관은 확인서를 발급해줍니다. 그러면 확인서를 토대로 보증기관에서 보증서를 발급해주고, 이 보증서를 보고 시중은행에서 자금을 지급하는 방식입니다. 심사 과정이 두 번에 걸쳐 이루어지고, 은행에서 또 신청자의 여러 조건을 보기 때문에 절차가 복잡한 편입니다.

| 나에게 맞는 자금은 무엇? |

우선 직접대출이 가능한 자금부터 알아볼까요? 직접대출이 가능한 자금은 성장기반자금에 해당하는 소공인특화자금, 성장촉진자금, 스마트자금, 민간선투자매칭융자, 일반경영안정자금에 해당하는 신사업창업사관학교연계자금, 특별경영안정자금에 해당하는 소상공인·전통시장자금, 재도전특별자금 등이 있습니다.

■ **직접대출 정책자금**

구분	세부	신청요건	한도	금리	기간
성장기반자금	소공인특화자금	제조업을 영위하는 10인 미만의 소공인	1억 원 (시설자금 5억 원)	정책자금 기준금리 (분기별 변동금리) +0.6%	5년 (운전자금) 8년 (시설자금)
	성장촉진자금	업력 3년 이상이며 자동화설비 도입하여 운영 중이거나 도입하고자 하는 소상인	2억 원 이내	정책자금 기준금리 (분기별 변동금리) +0.4%	5년 (거치 및 분할상환 기간 연 단위로 선택 가능)
	스마트자금	① 스마트공장 보급·확산 참여기업, 스마트 기술·장비 활용기업, 온라인 통신판매 소상공인 ② 백년소공인, 백년가게, '혁신형 소상공인 육성사업'에 의해 지정된 '혁신형 소상공인' 중 지정 연도로부터 3년 이내에 대출 신청한 업체	1억 원 (시설자금 5억 원)	정책자금 기준금리 (분기별 변동금리) +0.2%	5년 (운전자금) 8년 (시설자금)

		③ 기타 사회적경제기업, 수출소상공인, 로컬크리에이터, 강한 소상공인, 신사업창업사관학교 연계자금 실행업체			
	민간선투자형 매칭융자	소상공인진흥공단에 의해 선정된 전문 운영기관을 통해 투자금을 지원 받고 선투자 인증서를 발급 받은 소상공인	최대 민간투자금 5배 & 5억 원	정책자금 기준금리 (분기별 변동금리) +0.2%	8년
일반경영 안정자금	신사업창업 사관학교 연계자금	최근 1년 이내에 신사업창업사관학교를 수료 후 해당 아이템으로 창업한 소상공인	최대 1억 원 이내	정책자금 기준금리 (분기별 변동금리) +0.6%	5년 (거치 및 분할상환 기간 연 단위로 선택 가능)
특별경영 안정자금	소상공인· 전통시장 자금	민간금융 이용이 어려운 저신용 소상공인	3천만 원 이내NCB 개인신용 평점에 따라 1천~3천만 원)	2% (고정금리)	5년 (2년 거치 후 3년 분할상환)
	재도전 특별자금	① 재창업 준비단계 또는 초기단계에 있는 소상공인 ② 신용회복위원회 채무조정 또는 법원 개인회생 변제 계획 인가를 받아 6개월 이상 성실상환 중이거나 최근 3년 이내에 상환을 완료한 소상공인	1억 원 이내	4% (고정금리)	8년 (3년 거치)

직접대출이 절차가 간편해 편하지만 워낙 일찍 소진되는 경향이 있으므로 어지간히 서둘러 준비하지 않고는 받기가 어렵습니다. 하지만 이런 경우를 대비해 대리대출 형태의 정책자금도 많으니 실망하지 말고 자기에게 맞는 자금을 살펴보고 신청해보는 것이 좋습니다.

■ 대리대출 정책자금

구분	세부	신청요건	한도	금리	기간
성장기반 자금	성장촉진 자금	업력 3년 이상 소상인	1억 원	정책자금 기준금리 (분기별 변 동금리 (0.4%))	5년 (2년 거치)
일반경영 안정자금	일반자금	업력 3년 미만 소상인	7천만 원	정책자금 기준금리 (분기별 변동금리 (0.6%))	5년 (2년 거치)
특별경영 안정자금	긴급경영 안정자금	"재해 중소기업(소상공인)확인증" 을 발급받은 소상공인	7천만 원	2% (고정금리)	5년 (2년 거치)
	장애인기업 지원자금	장애인복지카드(국가유공자 카드 (또는 증서)) 또는 장애인기업확인 서를 소지한 장애 소상공인(또는 기업)	1억 원	2% (고정금리)	7년 (2년 거치)
	위기지역 지원자금	고용위기지역(고용부 지정), 산업위 기대응특별지역(산업부 지정), 조선 사 소재 지역 등 지역경제위기가 우려되는 지역 소재 소상공인	7천만 원	2% (고정금리)	5년 (2년 거치)
	청년고용 연계자금	① 업력 3년 미만의 청년 소상공인 (만 39세 이하) ② 상시근로자 중 과반수로 청년 근로자(만 39세 이하)를 고용 중 이거나 최근 1년 이내 청년 근로 자 1인 이상 고용한 소상공인	7천만 원	2% (고정금리)	5년 (2년 거치)

| 신청은 어떻게? |

예전에는 소상공인시장진흥센터에 직접 찾아가 신청하기도 했지만 지금은 기본적으로 온라인으로 신청하도록 되어 있습니다.

소상공인정책자금https://ols.sbiz.or.kr)에 접속하면 대출을 신청할 수 있습니다. 정책자금별 신청가능 여부를 확인하고 신청서를 작성한 다음 필요한 서류를 준비해 해당 파일을 등록하고 온라인으로 제출하면 됩니다. 신청결과는 '마이페이지/대출신청결과'에서 확인할 수 있습니다.

04

나라에서 집중적으로 보는
개인 신용 평가 기준은 무엇?

소상공인 창업자금을 신청했습니다. 사업계획서에 대해서는 긍정적인 평가를 받았기 때문에 개인 신용만 문제가 없으면 무리 없이 자금을 대출받을 수 있다고 합니다. 그런데 개인 신용은 대체 어떤 기준으로 평가하는 것인가요?

소상공인 창업 및 경영자금은 물론 정부가 지원하는 자금은 개인 신용을 중요시합니다. 사업계획서가 아무리 그럴듯하다고 해도 신용이 없는 사람으로 평가를 받으면 대출을 받을 수 없습니다.

특히 소상공인 창업자금은 별도의 담보나 보증 없이 자금을 대출해주기 때문에 신청자 개인의 신용은 더욱 중요합니다. 그렇다고 미리부터 걱정할 필요는 없습니다. 대략 다음과 같은 세 가지 사항만 지켜지면 개인 신용 평가는 별 문제없이 통과할 수 있습니다.

| 최근 3개월 동안 금융권 거래 내역이 깨끗해야 한다 |

금융권 신용은 최근 3개월 동안의 거래 내역을 기준으로 합니다. 이 기간 동안 대출 상환이나 카드 대금 납부가 연체된 사실이 없어야 합니다. 대출이나 카드 사용 금액이 많고 적음은 큰 문제가 되지 않으나 아주 작은 금액이라도 연체한 사실이 있으면 불리합니다. 물론 하루나 이틀 정도 어쩌다 한 번 연체한 정도는 그냥 넘어갈 수 있지만 10일 이상, 상습적으로 연체한 사실이 있으면 습관적인 연체자로 판단해 자격이 박탈됩니다.

결혼한 사람의 경우는 부부 모두의 신용을 같이 봅니다. 어느 한쪽이라도 신용 불량에 해당하면 자금을 지원받을 수 없습니다.

그리 까다로운 조건이 아니라고 생각할 수 있지만 소상공인시장진흥공단 상담인에 의하면 대부분의 사업자들이 이미 사채나 은행 대출을 받고 어려워진 상태에서 지원센터를 찾는 경우가 많아 생각보다 자격 요건이 미달되는 사례가 많다고 합니다.

| 지방세, 주민세 등의 국세 연체 사실이 없어야 한다 |

지방세, 주민세 등의 국세를 연체하지 않고 제때 납부해야 합니다. 보통 사업자등록증을 내면 사람과 똑같이 지방세 · 주민세 등을 내게 됩니다. 액수가 그리 크지 않기 때문에 잊어먹고 있다가 뒤늦게 납부하는 예는 적지 않습니다.

사업자등록증을 내고 직원을 고용함과 동시에 국민연금 · 고용보험 · 의료보험 등 각종 보험에도 가입해야 하는데, 이러한 보험은 국세가 아니기 때문에 자격 요건을 판단할 때 제외됩니다.

｜ 가압류 사실이 없어야 한다 ｜

국민연금 · 고용보험 · 의료보험 등은 세금이 아니기 때문에 연체되었다고 하더라도 이것으로 자격요건이 사라지지는 않습니다. 하지만 장기 연체돼 이들 공단에서 가압류를 했다면 이것 때문에 자금 대출을 받을 수 없습니다.

실제로 제법 탄탄한 중소기업을 운영하던 김사장의 경우 자격 요건에 아무런 문제가 없다고 생각했으나 자기도 모르는 사이에 고용보험 공단에서 가압류 딱지를 붙여놓은 사실을 뒤늦게 알았습니다. 금액도 60여만 원 정도에 불과했습니다. 공단측은 여러 번 연락했으나 연락이 안돼 어쩔 수 없이 가압류를 했다고 해명했습니다. 김사장은 연락받은 적이 없다고 항의했으나 이미 늦은 일이었습니다. 이처럼 조금만 신경 쓰면 될 일을 방치해 큰 낭패를 보는 경우도 있으니 자금 대출을 신청하기 전에 미리 자신의 신용과 세금 납부 현황을 꼼꼼하게 점검하기 바랍니다.

05

사업자등록증 없이도
창업자금을 지원받을 수 있나?

• • •

간식 배달 사업을 시작한지 3개월 정도 지났습니다. 사업에 대한 확신이 설 때 사업자등록증을 낼 생각으로 그 동안은 그냥 사업을 했습니다. 아직까지는 매출이 많지 않지만 점점 단골 고객들이 늘어 어느 정도 자신이 붙었습니다. 창업자금을 대출 받아 본격적으로 사업을 확대하려고 하는데, 사업자등록증 없이는 신청할 수가 없다면서요?

창업자금이라는 단어는 창업을 준비할 때 필요한 자금이라는 느낌이 많이 듭니다. 실제로 각종 창업자금의 지원대상을 살펴보면 '창업을 준비 중인 자'라고 명시되어 있기 때문에 본격적으로 사업을 시작하기 전에 창업자금을 받을 수 있을 것이라고 기대하게 됩니다.

하지만 현실은 다릅니다. 창업자금을 지원하는 정부기관이나 각종 보증기관, 은행 등이 불쌍한 사업자들을 위해 천사처럼 돈을 그냥 주는 것이 아니라 조금만 밀어주면 충분히 발전할 수 있는 업체들만을 지원하는 것이기 때문에 아무런 실체도 없는 예비 창업자들을 그냥 밀어주지는 않습니다.

적어도 창업자가 추진하고 있는 사업의 실체가 어떤 것인지를 파악할 수 있어야 자금 지원을 검토합니다. 사업자등록증은 사업을 시작했다는 것을 공식화한 일종의 증서 같은 것이므로 대부분 창업자금을 지원할 때 첨부할 것을 요구하는 곳들이 많습니다.

소상공인시장진흥공단의 경우 아예 지원자격에 사업자등록증을 낸지 최소 3개월이 지난 업체로 규정하고 있고, 중소벤처기업진흥공단의 경우 창업을 준비 중이거나 사업을 시작한지 3년 이내의 업체를 지원한다고 했지만 예비 창업단계에서 자금을 지원한 예는 거의 없습니다.

특히 요즘처럼 금융권이 불안하고 신용불량자가 급증하는 시대에서는 아무런 사업 실체도 없는 예비 창업자들이 자금을 지원받을 수 있는 길은 아예 없다고 보아도 무리가 아닙니다.

반대로 사업자등록증은 없지만 실제로는 사업을 해왔던 경우도 있을 수 있습니다. 소규모 사업자들을 지원하는 소상공인 창업자금의 경우 자금 담당자의 판단이 중시되므로 융통성 있게 지원여부를 결정하기도 합니다.

한 예로 외국인을 상대로 하숙을 했던 '게스트 하우스' 사장의 경우 사업자등록증을 내지 않은 상태로 몇 년 동안 사업을 했습니다. 외국인을 대상으로 했다는 점에서 주목을 끌어 언론에서도 몇 번 소개된 적이 있었습니다. 이 사업자의 경우 사업자등록증이 없기 때문에 원칙적으로는 자금을 지원받을 수 없었지만 언론에 보도된 기사를 근거로 그 동안 사업을 해왔다는 것을 열심히 피력해 결국 자금을 대출받을 수 있었다고 합니다.

하지만 극히 예외적인 경우이고, 대부분의 창업자금은 사업의 실체를 보고 향후의 성장 가능성을 보고 대출해준다는 것을 꼭 기억해두어야 합니다.

06

정책자금이 고갈되면
더 이상 자금을 신청할 수 없나?

정책자금은 워낙 신청자들이 많아 몇 달 안 되서 금방 바닥이
난다고 들었습니다. 보통 정책자금들의 공지 사항을 보면 지원기간이 '1월 중
순부터 자금소진 시까지'라고 명시되어 있습니다. 그렇다면 자금이 고갈되면
아예 자금을 신청조차 할 수 없다는 것인가요?

자금이 고갈되면 은행 대출로 연결 가능

실제로 대부분의 정책자금은 매년 1월부터 지원되기 시작해 몇 달 안 돼 금방 소진됩니다. 소상공인시장진흥공단의 창업·경영자금의 경우 평균적으로 6월이 되기도 전에 책정된 자금이 다 소진된다고 합니다. 필요로 하는 사업자들은 많고, 자금 지원 규모는 한정되어 있기 때문에 연 초에 발 빠르게 움직이지 않으면 초기 지원 자금 혜택을 받기가 어려운 것이 현실입니다.

그렇다고 연초에 책정된 자금이 바닥이 났다고 전혀 길이 없는 것은 아닙니다. 충분히 자금을 지원해줄 가치가 있다고 판단되면 관련 기관들이 은행에서 대출을 받을 수 있도록 연결해줍니다.

다만 지원 조건은 은행에 따라 달라지는 경우가 많습니다. 대출 금리도 정책자금에서 제시된 금리를 따르지 않고 은행 대출 기준에 맞춰 금리를 조정하기도 하고, 별도의 담보나 보증을 요구하지 않았던 정책자금도 은행으로 넘어가면 보증인이나 담보를 요구하기도 합니다.

많은 사람들이 정책자금을 선호하는 이유는 은행 대출 금리보다 싸고, 상환조건이 좋기 때문입니다. 보통 정책자금은 은행대출보다 2~3% 정도 금리가 쌉니다.

하지만 이처럼 정책자금 지원조건이 은행대출보다 좋은 나라는 그리 많지 않습니다. 다른 나라에서는 은행에서 대출을 받지 못하는 사람들은 문제가 있는 것으로 판단합니다. 은행에서 충분히 빌릴 수 있으면 굳이 정부 돈을 지원받으러 오지 않는다는 것이 기본 생각입니다.

즉, 은행에서 어떤 문제가 있어 대출을 받을 수 없다면 그만큼 위험 요소가 있는 것이기 때문에 다른 나라에서는 정책자금 금리가 오히려 은행 대출 금리보다 높습니다.

우리나라 정책자금은 지원과 수혜의 성격이 혼합되어 있기 때문에 그만큼 많은 사람들이 정책자금을 받기 위해 노력을 합니다. 심지어 '정부 돈은 눈먼 돈'이라는 잘못된 인식하에 무조건 많이 받아서 쓰는 사업자가 유능한 사업자로 인정받기도 합니다.

물론 심사 기준이 그리 호락호락하지는 않기 때문에 무조건 써도 되는 돈으로 오판하고 덤비는 사업자들은 당연히 지원대상에서 제외됩니다.

07

은행의 창업자금 대출,
정책자금과 무엇이 다를까?

신문 기사를 보고 은행에도 창업자를 위한 자금 지원 제도
가 있다는 것을 알았습니다. 중소기업은행, 국민은행 등 대부분의 은행에서 창
업자나 중소기업을 위한 자금 지원을 하던데, 국가에서 지원하는 정책자금과
무엇이 다른가요?

모든 은행들이 기업들을 위해 다양한 대출 지원을 하고 있는 것은 사실입니다. 하지만 대부분 믿을만한 부동산 담보를 제공하거나 연대보증인을 세워야 하며, 무엇보다도 사업성을 증명할 수 있는 실적이 없으면 은행 문을 아무리 두드려도 대출을 받기가 힘듭니다.

부동산을 담보로 하거나 연대보증을 세운 신용 대출은 꼭 사업을 목적으로 하지 않더라도 은행의 조건을 충족시키면 얼마든지 대출받을 수 있습니다. 중소기업 및 국민은행 등 은행들이 홍보하고 있는 창업자금은 대부분 부동산 담보를 원칙으로 하기 때문에 담보 능력이 없는 사업자들에게 은행의 창업자금은 그림의 떡이나 마찬가지입니다.

반면 정책자금은 담보 능력은 없지만 사업성이 뛰어난 기술력과 아이디어를 갖춘 사업자들도 신청해볼 수 있는 자금입니다. 기술보증기금, 소상공인시장진흥공단, 근로복지공단, 중소벤처기업진흥공단 등의 정부기관에서 사업성을 갖춘 업체를 보증해주어 담보력이 없는 업체가 기관의 보증만으로 은행에서 대출을 받을 수 있게 해주는 것입니다.

우리나라 정책자금은 단순한 지원의 성격이 아니라 어려운 사업자들에게 특혜를 주는 성격이 강하기 때문에 보통 은행의 대출 금리보다 이자가 낮고 상환조건도 좋습니다. 정책자금 지원을 주관하고 있는 각종 보증기관들의 보증서만 있으면 은행의 높은 문턱을 쉽게 넘을 수 있는데, 그렇다고 언제나 보증서가 100% 완벽한 해결사 역할을 하는 것은 아닙니다.

아무리 국가가 업체를 보증해준다고 하더라도 대출 금액이 커지면 은행 측에서 별도의 담보나 보증인을 요구하는 경우가 비일비재합니다. 영세 사업자를 지원하는 소상공인시장진흥공단은 1인당 평균 2천만~3천만 원 한도 내에서 지원을 하고, 지원 최대 금액을 5천만 원으로 제한하고 있기 때문에 보증서만으로 은행에서 대출을 받을 수 있습니다. 하지만 대출 금액이 최소 5천만 원을 넘어가면 십중팔구 부동산 담보나 연대 보증인을 요구합니다.

IMF 이후에는 기술보증기금 등의 보증기관에서 문제가 생겼을 때 100% 다 책임을 져주는 경우가 드뭅니다. 업체신용도에 따라 책임을 져주는 비율이 조금씩 다르지만 일반적으로 85~90%선에서 책임을 져 줍니다. 따라서 은행으로서도 부동산 담보나 연대보증인을 두어 보증기관이 책임을 지지 않은 부분에 대한 대비책을 마련해놓는 것이라고 이해하면 됩니다.

08

정책자금을 이미 지원받았는데,
다른 것을 또 받을 수 있나?

소상공인시장진흥공단에서 창업자금 5천만 원을 지원받았습니다. 덕분에 어느 정도 사업 기반을 닦았는데, 다른 기관에서 지원하는 정책자금을 추가로 더 받고 싶습니다. 어떤 종류이든 한 번 정책자금을 받은 경험이 있으면 다른 종류의 정책자금을 받을 수 없는 것인지 궁금합니다.

정책자금의 종류는 여러 가지이지만 저마다 자금의 성격이 뚜렷해 지원대상을 달리하고 있는 경우가 많습니다. 예를 들면 소상공인시장진흥공단은 제조, 건설, 운송, 광업은 상시 종업원 10인 이하, 도·소매업 등 각종 서비스업은 종업원 5인 이하로 지원대상을 제한하고 있으며, 중소벤처기업진흥공단은 중소·벤처 창업자금은 기술력과 사업성을 갖춘 업체를 지원합니다.

원칙적으로는 지원 자격 요건만 갖추었다면 한 번 정책자금을 지원받았더라도 또 다른 지원자금을 신청할 수 있습니다. 하지만 정책자금을 대출 받은 이후 아무런 성과가 없이 오히려 사업이 위축되어 자금 조달을 받으려는 경우라면 거의 기대하지 않는 것이 좋습니다.

창업자가 이용할 수 있는 정책자금 중 소상공인시장진흥공단의 창업경영자금, 중소벤처기업진흥공단은 중소·벤처 창업자금을 중심으로 살펴보면 다음과 같습니다.

| 중소·벤처기업 창업자금은 다른 정책자금과 중복 신청 가능 |

처음에는 사업규모를 작게 해 소상공인시장진흥공단의 지원을 받고, 어느 정도 사업을 활성화시킨 상태라면 중소·벤처기업 창업자금을 신청할 수 있습니다. 다만 지원규모가 크기 때문에 기술력과 사업성을 면밀히 검토한 후 지원 여부를 결정하기 때문에 매출 규모나 사업성 등을 가시화시킬 수 있을 때 지원받을 수 있는 가능성이 높아집니다.

중소·벤처기업 창업자금은 이 외에 기술력을 갖춘 업체가 많은 관심을 갖고 있는 개발·특허기술사업화자금을 비롯한 여러 정책자금들과 중복 신청할 수 있습니다.

| 신용보증기관의 보증을 받아 창업자금을 융통했을 경우 |

  기술보증기관이나 신용보증기관 등의 보증을 받아 창업자금을 융통하고 추
가로 정책자금을 신청할 수 있습니다. 하지만 이때는 보증을 받았던 기관에서
보증금액한도를 늘려줄 수 있는지를 상의해보아야 합니다. 보통 다른 보증기
관에서 보증을 받은 경우 다른 유사한 보증기관에서는 보증을 해주지 않기 때
문에 이전에 보증을 받았던 곳에서 상담을 하는 것이 좋습니다. 추가 보증이나
보증금액 한도를 늘리는 일은 별도의 심사를 거쳐야 합니다. 당연히 재무구조
가 악화되었거나 은행 거래에 문제가 있다면 어렵습니다.

09

기술보증과
신용보증의 차이?

• • •

신용보증기관의 보증을 받으면 자금 대출이 쉽다고 들었습니다. 그런데 보증이 다 같은 줄 알았는데, 기술보증과 신용보증으로 구분된다고 하더군요. 저희는 모바일 게임 개발 업체로 지난 1년 동안의 노력 끝에 게임 개발에 성공했고, 이동 통신사와 서비스 공급 계약도 체결했습니다. 이 정도면 어떤 종류의 보증을 받을 수 있을까요?

기술력이 있다면 기술보증, 그 외에는 신용보증

신용보증제도는 담보를 제공할 능력이 부족한 기업이 은행으로부터 손쉽게 자금을 대출해줄 수 있도록 신용보증기관이 보증을 해주는 제도입니다. 보증 종류는 주요 지원 대상에 따라 신용보증기금, 기술보증기금, 수출보험공사가 운영하고 있는 신용보증제도 등이 있습니다. 이 중 신용보증기금과 기술보증 기금이 중소기업들이 많이 애용하는 보증입니다.

신용보증과 기술보증 모두 담보능력이 취약한 중소기업을 육성하기 위해 보증을 해주는 것으로 기본적인 역할은 동일합니다. 다만 기술보증은 우수한 기술력을 갖춘 업체나 신기술을 보유한 업체를 대상으로 하며, 신용보증은 그 외 일반 중소기업을 대상으로 한 것이라는 정도만 다릅니다.

질문하신 업체는 모바일 게임 개발 업체이므로 기술보증을 받을 수 있는 대상입니다. 기술보증은 이처럼 기술력을 인정받을 수 있는 중소기업을 우선적으로 지원하기 때문에 기술력 위주인 IT 업체들이 많이 선호하는 보증입니다.

신용보증은 그 외 업체들을 대상으로 한 것으로, 매출 규모, 업체의 신용정도, 채무구조 등을 면밀히 검토한 뒤 보증서를 발급합니다.

보통 기술보증은 기술보증기금(www.kibo.or.kr)에서, 신용보증은 신용보증기금(www.kodit.co.kr)에서 해주는 것으로 알려져 있습니다. 하지만 기술보증기금도 기술력 위주의 업체를 보증해주는 기술보증 이외에도 일반 신용보증까지 해주기 때문에 기술력을 갖추지 않은 업체라도 보증을 의뢰할 수 있습니다.

신용보증기금, 영업점을 가지 않고 온라인에서 신청 가능

예전에는 신용보증기금을 신청하려면 주로 해당 지역 영업점을 방문해야 하는 경우가 많았으나 지금은 온라인으로 신청할 수도 있습니다. 영업점을 방문해 보증 상담을 신청한 경우에는 별도의 예약 없이 직접 상담 또는 기타 보증에 대한 안내를 받을 수 있습니다. 인터넷으로 신청한 경우에는 담당 영업점 및 담당팀을 배정한 후 상담예정일자 등을 문자 메시지나 이메일로 알려줍니다.

보증심사는 보증금액에 따라 방법이 달라집니다. 보증금액이 1억 원 이하일 경우에는 간이심사, 3억 원 이하는 일반심사, 10억 원 이하는 표준 심사 그리고 10억 원 이상이면 심층심사를 하게 됩니다. 만약 다른 부채를 갚으려는 목적으로 보증심사를 신청하면 안 될 가능성이 매우 큽니다. 또한 최소한 사업자 등록 후 3개월이 지난 후 일정 금액 이상 매출이 발생해야 보증심사를 받을 수 있는 자격이 주어집니다.

10

보증한도는 어떤 기준으로 산출될까?

· · ·

제조업 관련 사업을 하고 있습니다. 사업을 시작한지는 1년이 채 안 되었지만 작년 한 해 동안 약 4억 원의 매출을 올렸습니다. 신용보증기금으로부터 보증서를 받아 대출을 받으려고 하는데, 어떤 기준으로 대출 보증한도를 정하는지 궁금합니다.

| 매출액, 자기 자본 규모 기준 |

기술보증기금과 신용보증기금이 한 기업에 대해 신용보증을 할 수 있는 최대한도는 30억 원입니다. 단 기술보증기금과 신용보증기금이 각각 30억 원씩 보증할 수 있는 것이 아니고, 두 기금의 보증액을 합한 금액이 30억 원을 넘을 수 없습니다.

보증한도를 정하는 기준은 보증의 종류에 따라 조금씩 차이가 있지만 보통 매출액의 1/4, 자기 자본의 3배 이내에서 보증이 이루어집니다. 매출액은 1년 매출액을 기준으로 하며, 1년 미만의 업체도 1년 매출을 추정하여 신용보증을 받을 수 있습니다. 원칙적으로는 그렇지만 실제로는 1년 미만의 업체들이 신용보증을 받기는 결코 녹녹치 않습니다.

매출액 외에도 사업 전망, 사업자의 경영 능력, 금융거래현황, 대출금 상환가능성 및 원하는 보증금액의 적정성 등을 종합적으로 검토해 보증한도를 정합니다.

심사방법은 보증금액에 따라 달라집니다. 보증금액이 작으면 약식 심사를 하고, 금액이 커짐에 따라 간이 심사, 정밀 심사 순으로 심사 방법도 까다로워집니다.

11

신용보증서를 제출했는데 은행이 또 다른 보증을 요구하는 이유?

Q 신용 보증 기금에서 보증서를 받으면 별도의 담보나 보증인을 세우지 않고도 대출을 받을 수 있다고 알고 있습니다. 그런데 실제 은행에 가보니 연대보증인을 세우라고 요구하네요? 연대보증을 부탁할 사람도 마땅치 않은데 난감할 뿐입니다. 대부분의 은행이 다 그런가요?

| 10~20%에 대한 은행의 안전장치 |

처음 신용보증기관에서 보증을 받아 대출을 받는 사업자들이 많이 부딪히는 문제입니다. 어렵게 신용보증서를 발급받아 한숨 돌렸는데, 실제 돈을 내어주는 은행에서 별도의 담보나 보증인을 요구하는 경우가 많아 당혹스러워 합니다.

채무자가 대출금을 다 갚지 못했을 경우 연대보증인이 이를 대신 갚아야 할 의무가 있는 것처럼 신용보증기관도 채무자에게 문제가 생기면 은행에 대신 대출금을 보상해주어야 합니다. 이때 대출금을 전액 갚아주는 것이 아니라 보통 80~90%만 해결해줍니다. 지방의 경우 전액 보상해주는 신용보증기관도 있지만 서울을 비롯한 대부분의 지역에서는 80~90%선만 책임을 집니다. 이 비율은 해마다 조금씩 기준이 달라집니다.

그렇기 때문에 은행은 신용보증기관이 해결해주지 않는 10~20%에 대해 별도의 보증인을 세워 대비를 하는 것이지요. 보통 은행이 신용보증한도액의 70~80%만 대출해주고, 보증한도 전액을 대출받으려면 보증인을 세워야 한다고 생각하면 무리가 없습니다.

보증서를 발급받았다 하더라도 실제 돈을 대출해주는 곳은 은행이기 때문에 신용보증서를 발급받기 전에 미리 은행과 사전 협의를 하는 것이 좋습니다.

KEY POINT 신용보증기금과 신용보증재단의 차이

두 곳 모두 신용보증을 해주는 기관입니다. 보증 내용이나 조건도 거의 유사합니다. 단지 차이는 신용보증기금은 금융기관에서 일부분, 정부에서 대부분을 출연하는 정부출연기관이고, 신용보증재단은 지방자치단체에서 출연해 운영하는 기관이라는 점입니다. 따라서 보통 신용보증재단은 앞에 충남, 경남 등 지방명이 들어갑니다.

SECTION 03

창업 세금 상식

01

사업자가 내야 하는 세금에는
어떤 것이 있나?

사업자등록을 했더니 돈을 제대로 벌기도 전에 세금을 내라는 고지서들이 날아오네요. 세무서에 대행을 맡기면 언제 어떤 세금을 어느 정도 내야 하는지 알려줘 편하다고 하는데, 그렇다고 제대로 알지도 못하고 따라 하는 것은 사업자로서 별로 좋은 자세는 아닌 것 같군요. 사업자가 내야 할 세금은 어떤 것들이 있나요?

사실 알고 보면 별 것 아닌 것도 모르는 상태에서는 괜히 어렵고 부담스럽게 느껴지기 마련입니다. 처음 사업을 하다보면 여러 가지 세금을 내야 하는데, 한 번만 겪어보면 이후부터는 훨씬 순조롭게 세금 문제를 해결할 수 있습니다. 여기서는 사업자가 기본적으로 신경 써야 할 세금의 종류에 대해 대략적으로만 소개하겠습니다. 뒤에 자세하게 다시 소개되니 일단 여기서는 대략 '이런 종류의 세금이 있구나.' 정도만 이해하고 넘어가기 바랍니다.

| 법인세 |

법인세는 법인이 얻은 소득에 대해 그 법인에게 부과되는 세금으로 법인이 얻은 모든 순자산증가액에 대해 과세를 합니다. 법인세는 법인의 사업연도 단위로 소득을 집계하여 세액을 산출하며, 사업연도는 법인의 정관 등에 정하거나 신고에 의하여 정할 수 있습니다. 별도로 사업연도를 정한 것이 없으면 통상적으로 매년 1월 1일부터 12월 31일까지를 사업연도로 보게 됩니다.

법인세 세율은 과세표준(순소득으로 보면 됨)이 2억 원까지는 9%를 적용하고 2억 원을 초과하는 금액에 대해서는 19%를 적용합니다. 법인세 신고는 사업연도 종료일로부터 3개월 이내에 해야 하며, 신고와 함께 법인세를 납부해야 합니다.

사업연도가 6개월을 초과하는 경우 6개월이 경과한 날로부터 2개월 이내 6개월 동안 실적에 대해 미리 납부해야 하는 제도가 있는데 이를 '중간예납'이라 합니다. 중간예납세액은 직전사업년도 실적을 기준으로 하는 방법과 6개월 동안의 실제 실적을 기준으로 하는 방법(이를 가결산에 의한 방법이라 함)중 선택할 수 있습니다.

직전사업년도 실적을 기준으로 하면 직전사업년도에 납부한 총 법인세의 6개월분에 해당하는 금액을 납부하게 됩니다. 이는 세액계산이 간편하다는 장점이 있지만 6개월 동안의 실제실적이 미흡하다면 가결산에 의한 방법을 선택해 세금을 좀더 적게 낼 수도 있습니다.

하지만 어떤 방법을 선택하든 결국 사업연도 종료일로부터 3개월 이내에 납부하는 세금과 중간예납세액의 합계는 항상 같습니다. 다만 예를 들어 업종의 특성상 상반기에는 매출이 별로 크지 않고, 하반기에 매출이 집중된다면 매출이 적은 상반기에 직전사업년도에 납부한 법인세를 기준으로 중간예납을 하는 것이 부담스러울 수 있습니다. 법인 각각의 자금 흐름을 고려해 유리한 방법을 선택하는 것이 좋습니다.

| 종합소득세 |

종합소득세는 매년 1월 1일부터 12월 31일까지 개인이 얻은 소득에 대해 부과됩니다. 법인세와 마찬가지로 총 사업소득에서 경비를 제외한 나머지 순소득에 대해 세금이 부과됩니다. 종합소득세 세율은 소득금액에 따라 6~45% 초과누진세율로 적용되며, 매년 5월 31일까지 전년도 소득에 대해 자진신고 · 납부해야 합니다.

이와 별개로 1월 1일부터 6월 30일까지의 기간(중간예납기간)에 대해 소득세를 미리 납부하는 제도가 있습니다. 전년도에 납부한 소득세가 있다면 세무서가 전년도 소득세의 1/2 정도의 세금을 납부하라는 고지서를 보내주는데, 11월 30일까지 납부하면 됩니다. 납세고지서를 받았더라도 중간예납기간의 실제 소득에 의한 세액이 전년도에 납부한 총 소득세의 30%에 미달할 경우 자진 신고하여 납부할 수도 있습니다. 또한 전년도에 납부할 세액이 없었던 사업자는 반드시 중간예납기간의 실제 실적을 기준으로 계산한 세액을 자진 신고 · 납부해야 합니다.

| 부가가치세 |

부가가치세는 재화 또는 용역의 생산 및 유통의 각 단계에서 생성되는 부가가치에 대해 부과하는 세금입니다. 사업자는 물건값에 부가가치세를 포함하여 팔기 때문에 실제 세금은 소비자가 부담하는 것이며, 사업자는 소비자가 부담한 세금을 잠시 보관했다가 국가에 내는 것에 지나지 않습니다. 이렇게 세금을 실제로 부담하는 사람과 납세의무자가 다른 세금을 간접세라 부릅니다.

부가가치세는 공급가액의 10%에 해당하는 금액입니다. 예를 들어 A라는 사업자가 B라는 사업자에게 100만 원 어치의 물건을 샀다면 100만 원의 10%에 해당하는 10만 원을 부가세로 더 주어야 합니다. 이처럼 재화 또는 용역을 공급하는 사업자는 공급가액과 별도로 부가가치세(매출세액)를 받아두었다가 부가가치세 신고 기간 내에 신고·납부해야 합니다. 반대로 사업자로부터 재화 또는 용역을 공급받은 B는 A에게 주었던 부가가치세를 부가가치세 신고 기간 때 매출세액에서 뺄 수 있습니다.

부가가치세의 신고·납부는 법인 사업자와 개인 사업자에 따라 다릅니다.

법인 사업자인 경우 : 매 분기마다 1년에 4번 신고해야 합니다. 매 분기 말의 다음달 25일(4월, 7월, 10월, 1월)까지 신고와 함께 납부해야 합니다.

개인 사업자인 경우 : 1년에 2번 신고를 합니다. 이는 1월~6월까지 기간에 대해 7월 25일까지 신고·납부하며, 7월~12월까지 기간에 대해 1월 25일까지 신고·납부하면 됩니다. 다만, 간이과세자는 1월~12월까지 기간에 대해 1월25일까지 1년에 1번만 신고·납부하면 됩니다.

| 갑종근로소득세(갑근세) |

갑근세는 사업자가 근로자를 고용하는 경우 근로자에게 급여를 지급할 때 이에 대한 소득세를 원천징수하여 사업자가 납부하는 세금입니다. 이는 차후에 연말정산과정을 거쳐 근로자에 대한 소득세가 완결됩니다. 원천징수할 금액은 간이세액표에 의하며 이는 급여를 지급한 날이 속하는 다음달 10일까지 원천징수이행상황신고서 제출과 함께 납부해야 합니다.

| 개별소비세 |

개별소비세는 부가가치세와 유사하며 특정 고가품의 소비에 대해 중과하기 위해 부과하는 세금입니다. 이는 보석귀금속류, 승용자동차, 석유류, 유흥주점, 기타 특정 고가품에 대해 제한적으로만 적용됩니다. 개별소비세의 신고 · 납부는 제조장으로부터 반출하는 때(또는 판매장에서 판매하는 때, 유흥음식 행위를 했을 경우)의 다음 달 말일까지 하여야 합니다.

02

직원을 고용하면 꼭 4대 보험에
가입해야 하나?

직원을 두면 월급만 꼬박고박 지불하면 되는 줄 알았더니 회사가 직원 보험금의 반을 내주어야 한다네요. 적어도 직원들 월급을 보장해 주지 못하는 못난 사장이 되지는 않겠다고 다짐했지만 이거 보험료도 만만치가 않습니다. 고작해야 직원이 3명뿐인데도 보험을 다 들어줘야 하는 건가요?

샐러리맨들은 경기침체로 월급은 오르지 않는데, 보험료는 매년 큰 폭으로 올라 월급봉투가 점점 얇아진다고 불평을 합니다. 국가가 시행하고 있는 보험에 대해 흉흉한 소문도 많이 돕니다.

"국민연금이 바닥이 나 지금 뼈 빠지게 연금을 부어도 나중에 보장받을 것이 별로 없다."

"1년 내내 병원도 가지 않는데, 국민건강보험료가 너무 비싸다. 또 정작 심각한 질병에 대해서는 국민건강보험이 적용되지 않는다."

사업주 입장에서 보면 또 다른 푸념들이 나옵니다. 예전과는 달리 직원 수가 적어도 각종 보험을 꼭 들어줘야 하니 그만큼 직원을 고용하면서 나가는 비용이 많아졌다고 말입니다. 하지만 당장은 보험료까지 회사가 일부 책임져야 하니 부담스러울지 몰라도 직원들의 복지를 위해 필요한 것이니 기본적인 보험은 꼭 들기를 바랍니다.

| 4대 보험, 국민연금, 국민건강보험, 고용보험, 산재보험 |

일반적으로 쉽게 생각할 수 있는 보험은 국민연금, 국민건강보험, 고용보험 등입니다. 여기에 산재보험을 더해 4대 보험이라고 합니다. 산재보험은 사업주가 전부 부담하지만 다른 보험들은 거의 반반씩 부담하도록 되어 있습니다.

직원들 입장에서 보면 국민연금은 나이가 들어 경제능력을 상실했을 때 혜택을 받는 것이지만 국민건강보험, 고용보험, 산재보험은 실생활에서 도움을 많이 줍니다. 회사가 아주 어려워지면 간혹 보험료를 제때 내지 못해 직원들이 큰 곤경에 처하는 일이 있습니다. 예를 들어 회사가 보험료를 내지 않아 국민건강보험 자격이 상실돼 아픈 가족을 병원에 데리고 가지 못해 발을 동동 구르는 사람들을 몇 번 본 적이 있습니다.

　고용보험은 국민연금이나 국민건강보험에 비해 보험료가 싼 편입니다. 회사의 부담도 많지 않아 들어주면 만약의 경우 회사가 어려워 도산하게 되더라도 직원들은 한시적으로나마 실업급여를 탈 수 있으니 큰 힘이 됩니다.

　4대 보험료의 납부금액의 크기는 평균 월 급여에 따라 달라지는데 국민건강보험료와 고용보험 및 산재보험료는 다음 연도에 연말정산과정을 거쳐 실제 소득금액이 확정됨에 따라 추가 납부하거나 덜 납부하게 됩니다. 하지만 국민연금은 전년도 소득금액을 기준으로 해서 산정되며 연말정산과정을 거치지 않습니다. 따라서 최초로 국민연금에 가입하면 예상 월 소득을 신고하게 되고 이에 따라 납부금액이 결정됩니다.

| 4대 보험의 신고 납부 방법 |

　새로 사업을 시작하면 사업장가입신고를 하여야 하며, 직원이 입사할 때는 자격취득신고를, 퇴사할 때는 자격상실신고를 해야 합니다.

　사업장가입신고를 할 때는 사업장가입신고서와 각 직원에 대한 자격취득신고서를 함께 제출해야 하며, 그 외에도 사업자등록증 사본, 통장사본, 약도, 예상 월 급여대장, 주민등록등본이 필요합니다.

　4대 보험신고는 따로따로 할 필요가 없습니다. 4대 보험을 통합해 신고할 수 있는 양식이 있으며, 사업장이 속한 국민연금관리공단, 국민건강보험공단, 근로복지공단 중 편한 곳을 택하여 한 곳에만 제출하면 됩니다. 2011년부터는 4대 보험료를 매달 고지서에 의해 통합징수하기 때문에 납부하기가 한결 간단해졌습니다.

　4대 보험료는 사업주와 근로자가 각각 분담해 납부하는 것이기 때문에 사업주는 근로자에게 급여를 지급할 때 요율에 의한 근로자 부담 분을 원천징수해야 합니다.

4대 보험에 관한 자세한 사항은 인터넷 사이트 www.4insure.or.kr 에서 알아볼 수 있습니다.

03

세금을 제때 안 내면
어떤 불이익이 있을까?

자금이 워낙 부족하다 보니 제품을 팔면서 받아두었던 부가가치세를 회사 운영에 모두 써버렸습니다. 이번 분기 부가가치세가 400만 원이나 나왔는데, 이 돈을 구할 길이 없습니다. 세금을 낼 마음이 없는 것이 아니라 돈이 없어 못 내는 것인데... 혹시 어쩔 수 없이 세금을 내지 못할 경우 불이익을 최소화할 방법이 있을까요?

고의로 세금을 내지 않았든, 불가피한 사정으로 세금을 내지 못했든 법은 인정을 두지 않습니다. 사실 인정을 두어 사정을 봐준다면, 형평성을 잃지 않고 법을 공정하게 집행하기가 무척 어려워질 것입니다.

사업자는 법인세 및 종합소득세, 부가가치세를 신고하고 납부할 의무가 있습니다. 이를 지키지 않으면 신고불이행에 대한 불이익과 납부불이행에 대한 불이익이 동시에 적용됩니다. 따라서 자금궁핍으로 도저히 세금을 낼 형편이 되지 않는다면 신고만이라도 꼭 해두어야 신고불이행으로 인한 가산세를 물지 않습니다. 신고 및 납부불이행에 따른 불이익은 다음과 같습니다.

| 신고불이행 시 가산세 |

법인세 및 종합소득세에 대한 과세표준확정신고를 하지 않은 경우에는 산출세액에 대한 20%와 수입금액의 7/10,000에 해당하는 금액 중 큰 금액을 무신고가산세로 추징합니다.

부가가치세에 대한 예정신고 또는 확정신고를 하지 않은 경우에는 무신고한 납부세액에 대해 20%의 가산세를 납부해야 합니다. 다만 개인 사업자는 예정신고의무가 없고 그 기간에 대해 세무서에서 통지한 납부서에 따른 납부의무만 부여되어 있습니다.

무신고시에는 당연히 세금계산서합계표를 제출하지 않게 되므로 이에 따라 미제출한 합계표의 총공급가액(부가가치세를 제외한 가격을 의미)에 대해 1%의 가산세가 부과됩니다.

| 납부지연가산세 |

사업자가 납부기한 내에 납부할 세금을 납부하지 않았을 때는 납부하지 않은 세액에 대해 납부기한의 다음날부터 자진납부 일 또는 고지 일까지의 기간에 대해 이자율을 적용한 가산세가 부과됩니다(납부 지연 시 가산세는 1일 0.022%입니다.

| 압류 및 매각 |

국세를 계속 체납하면 납세자의 재산을 압류할 수 있으며, 압류 후에도 계속 세금을 납부하지 않으면 그 재산을 매각하여 체납된 국세에 충당하게 됩니다.

| 기타의 행정규제 |

인허가 또는 면허 등을 받아 사업하는 자가 국세를 3회 이상 체납하면 사업의 정지, 허가의 취소를 요구할 수 있습니다. 또한 5천만 원 이상의 국세를 체납한 자에 대해서는 출국정지, 여권발급의 제한을 요구할 수 있습니다.

04

직원으로부터 원천징수한 세금은 어떻게 처리하나?

●
●
●

Q　지금까지 혼자서 사업을 해왔는데 혼자 감당하기는 벅찬 것 같아 직원을 두려 합니다. 직원을 두면 월급을 주어야 하는데, 세금을 떼고 준 다고 들었습니다. 세금을 얼마를 떼고 주어야 하는 것인지, 뗀 세금은 어떻게 처리를 하는 것인지 궁금합니다. 또 직원이 아닌 아르바이트를 쓸 때도 세금을 떼고 돈을 주어야 하는지 알고 싶습니다.

월급이 200만 원인 사람이 실제 받는 금액은 200만 원이 안됩니다. 보험료는 물론 소득세로 십수만 원 정도 빠진 액수를 월급으로 받습니다. 이처럼 근로자의 소득에 따른 세금은 근로자가 직접 내는 것이 아니라 사업주가 미리 월급에서 떼어 놓았다가 대신 납부하는 것을 '원천징수'라고 합니다.

근로자의 소득이 발생하는 시점에서 미리 세금을 떼니 탈세 염려가 없고, 매달 세금을 걷을 수 있으니 정부 입장에서는 조기에 조세수입을 확보할 수 있습니다. 물론 근로자 입장에서도 소득이 발생할 때마다 세금을 내는 것이기 때문에 한꺼번에 세금을 내야 하는 부담을 덜 수 있습니다.

원천징수한 세금은 다음달 10일까지 납부해야 합니다. 사업자는 정직원은 물론 아르바이트나 비정규직, 때로는 사업자라도 독립적으로 인적용역을 제공하는 사업자라면 모두 원천징수를 해야 합니다.

또한 원천징수할 세액 계산과 납부방법은 고용형태에 따라 달라집니다. 일반적으로 정직원보다는 일용근로자(아르바이트 포함)를 고용했을 때 세금처리 문제가 좀 더 유리한 면이 있습니다.

그럼 고용형태에 따라 세율과 납부방법이 어떻게 달라지는지 살펴볼까요?

| 일반근로자(직원)에게 근로소득을 지급할 때 |

일반근로자를 고용하는 사업주가 근로소득을 지급할 때는 간이세액표에 의해 소득세를 원천징수합니다. 간이세액표란 매월 급여를 줄 때 원천징수해야 할 세액을 급여액 및 가족수별로 정한 기준표입니다. 원천징수한 세액은 그 징수일이 속하는 달의 다음 달 10일까지 관할세무서 또는 체신관서에 납부하면 됩니다. 단 예외적으로 직전년도 상시 고용인원이 20인 이하인 경우에는 매월이 아닌 1년에 2번, 즉 반기별로 납부할 수도 있습니다.

1월부터 12월까지 원천징수한 세금은 다음 연도 2월달에 급여를 지급할 때 연말정산을 하게 됩니다. 연말정산이란 근로소득을 지급하는 자가 1년간의 총 급여액에 대한 근로소득세액을 세법에 따라 정확하게 계산한 후 이미 원천징수한 세액과 비교하여 많이 징수한 경우에는 돌려주고 덜 징수한 경우에는 더 징수하여 납부하는 절차입니다. 이렇게 연말 정산한 금액은 다음해 2월 급여에 반영됩니다.

│ 일용근로자에게 근로소득을 지급할 때 │

일용근로자는 근로를 제공한 날 또는 시간에 따라 근로대가를 계산하거나 근로를 제공한 날 또는 시간의 근로성과에 따라 급여를 계산하여 받는 자를 말합니다. 또한 이들은 근로계약에 따라 동일한 고용주에게 3개월 이상 지속적으로 고용되어 있지 아니한 자를 뜻합니다. 쉽게 아르바이트라고 이해하면 큰 무리가 없습니다.

일용근로자는 일반근로자와는 달리 연말정산과정을 거치지 않으며 원천징수로 과세를 종결합니다. 또한 원천징수세액은 간이세액표에 의하지 않고 다음과 같은 식에 의해 계산됩니다.

원천징수세액 = [일급여액−일15만 원]×6%−근로소득세액공제(산출세액의 55%)
= [일급여액−일15만 원]×2.7%

따라서 일당이 15만 원 이하인 일용근로자는 원천징수납부할 세액이 없습니다. 일당 10만 원인 일용근로자가 20일을 일한 경우 월 200만 원에 대해서는 근로소득세가 없으니 원천징수를 하지 않고 200만 원을 다 지불해야 합니다.

| 인적용역 등을 독립적으로 제공하는 사업자에게 그 대가를 지급할 때 |

일용근로자는 아니지만 밖에서 독립적으로 일을 해주고 대가를 받는 프리랜서들이 있습니다. 사업주에게 고용된 종업원이 아닌 독립적으로 인적용역을 제공하는 사람들도 사업자에 해당합니다. 따라서 이들의 소득은 사업소득으로 분류되지만 부가가치세가 면제됩니다.

사업소득이지만 부가가치세가 면제되는 것은 크게 의료보건영역, 인적용역, 봉사료수입금액 등이며, 이런 종류의 사업소득은 사업주가 원천징수를 할 의무가 있습니다. 다만 이러한 인적용역을 제공하는 자가 근로소득자인지 아니면 사업소득자인지 구분이 모호할 경우가 있습니다. 예를 들어 학원강사가 종합반을 맡아 급여형식으로 대가를 받는다면 근로자로 보아 원천징수를 해야 하며, 단과반을 맡아 실적대로 그 대가를 지급받는다면 사업자로 보아 원천징수를 해야 합니다. 사업소득으로 분류되면 원천징수할 세액은 주민세를 포함해 지급한 금액의 3.3%입니다. 다만 봉사료수입금액은 예외적으로 5.5%가 적용됩니다.

원천징수 대상이 되는 사업소득을 받는 자는 다음해 5월 31일까지 사업소득에 대한 종합소득세 신고를 해야 합니다. 그러면 직원들의 연말정산처럼 최종 납부해야 할 세금을 계산해 원천징수한 세금이 많으면 돌려받고, 적으면 더 내야 합니다. 원천징수 대상이 되는 사업소득에 대한 사례는 다음과 같습니다.

· 헤어디자이너가 다른 사업자의 사업장에서 독립적으로 용역을 제공하고 받은 대가
· 다른 사업자의 사업장에서 계약에 의하여 독립적으로 판매대행용역을 제공하고 그 판매 실적에 따라 일정수수료를 받는 경우
· 고용관계가 없는 강사가 지급받는 강사료
· 관광통역안내원이 관광객들의 환전실적에 따라 지급받는 수수료

봉사료에 대한 원천징수

원천징수대상이 되는 사업소득 중 봉사료에 관해서는 원천징수세율이 5.5%(주민세 포함)로 높은 편입니다. 봉사료로 인정받으려면 다음과 같은 요건을 충족시켜야 합니다.

첫째, 봉사료의 원천징수는 사업자가 다음에 해당하는 용역을 제공하고 그 공급가액과 함께 접대부, 댄서 이와 유사한 용역을 제공하는 자의 봉사료를 수령하여 지급할 때 발생합니다.

　　　 － 음식 · 숙박용역
　　　 － 특별소비세가 과세대상인 과세유흥장소에서 제공하는 용역
　　　 － 안마시술소 · 이용원 · 스포츠마사지업소

둘째, 원천징수대상이 되는 봉사료는 세금계산서, 계산서, 영수증 또는 신용카드매출전표 등에 그 공급가액과 구분하여 기재된 봉사료로 그 구분기재한 봉사료금액이 공급가액의 20/100을 초과하는 경우에 한합니다. 이때 공급가액은 봉사료금액이 포함되지 아니한 금액을 말합니다.

셋째, 봉사료를 지급하는 사업자가 자기의 수입금액에 봉사료를 포함하지 않은 경우에 한합니다. 사업자가 이를 수입금액에 포함하면 지급된 봉사료는 필요경비로 계산되어 봉사료가 아닌 근로소득이나 일반적인 사업소득으로 평가됩니다.

넷째, 봉사료를 지급하는 사업자는 봉사료지급대장을 작성 · 비치해야 하는데 이는 봉사료를 수령하는 자가 직접 수령사실을 확인하고 서명해야 합니다.

05

세금 납부기한을
연장할 수 없을까?

●
●
●

종합소득세 신고가 며칠 남지 않았는데 세금이 많이 나올 것 같습니다. 근데 지금 상대방 거래처의 부도로 인해 저희 사업도 크게 손실을 입은 상태라 현금조달이 힘듭니다. 이에 세금을 연기하여 납부할 수 있는 방법은 없는지요? 한두 달 후면 자금사정이 좀 괜찮아 질 것 같은데 어떻게 하면 되죠?

세금을 기한 내에 납부하지 않으면 가산세와 가산금이 부과되어 더욱 세금이 무거워집니다. 세금을 내야 할 날짜를 깜빡 잊어 못낸 것이라면 바로 내면 되지만 대부분 자금 사정이 너무 좋지 않아 세금을 도저히 낼 수 없는 어려운 처지일 경우가 많습니다.

물론 사업자가 운영을 잘못해 어려운 것이라면 사정을 호소해보기도 쉽지 않지만 예를 들어 거래처가 갑자기 부도가 나 돈을 받고 있지 못하고 있다던가, 화재나 도난 등의 재해로 사업이 위기에 처했다면 납부기한을 연장할 방법이 있습니다.

│ 자진납부하는 세금의 납부기한의 연장방법 │

법인세 또는 종합소득세, 부가가치세는 자진신고하여 납부하도록 하고 있습니다. 이러한 자진신고납부분에 대해서는 그 신고기한일 3일 전까지 '납부기한 연장승인신청서'를 제출하면 됩니다. 납부기한의 연장은 3개월 이내로 하며 다만, 기한연장사유가 소멸하지 아니하는 경우에는 1개월의 범위 안에서 관할세무서장이 기한을 다시 연장할 수 있습니다.

납부기한을 연장할 수 있는 사유는 다음과 같습니다.

· 천재 · 지변이 발생한 때
· 납세자가 화재 · 전화 기타 재해를 입거나 도난을 당한 때
· 납세자 또는 그 동거가족이 질병으로 위중하거나 사망하여 상중인 때
· 권한 있는 기관에 장부 · 서류가 압수 또는 영치된 때
· 납세자가 그 사업에 심한 손해를 입거나 사업에 중대한 위기에 처한 때
· 정전, 프로그램의 오류 기타 부득이한 사유로 한국은행(그 대리점을 포함) 및 체신관서의 정보통신망의 정상적인 가동이 불가능한 때

· 금융기관 또는 체신관서의 휴무 또는 그 밖의 부득이한 사유로 인하여 정상적인 세금납부가 곤란하다고 국세청이 인정하는 때

| 고지서에 의한 징수를 유예하는 방법 |

세무서에서 통지한 납세고지서에 따라 납부할 세금을 연기하기 위해서는 납세고지서상의 납부기한 3일 전까지 관할세무서장에게 '징수유예신청서'를 제출해야 합니다. 징수유예기간은 9개월까지 가능합니다.

징수유예사유는 위 납부기한의 연장사유와 거의 유사하나 법에 근거한 사유를 나열하면 다음과 같습니다.

> ─재해 또는 도난으로 재산에 심한 손실을 받은 때
> ─사업에 현저한 손실을 받은 때
> ─사업이 중대한 위기에 처한 때
> ─납세자 또는 그 동거가족의 질병이나 중상해로 장기치료를 요하는 때
> ─조세의 이중과세방지를 위하여 체결한 조약에 의하여 외국의 권한 있는 당국과 상호 합의 절차가 진행 중인 때

06

세금계산서, 계산서, 영수증의
차이는 뭘까?

세금을 적게 내려면 세금계산서를 잘 받아두고, 일반 영수증들도 꼬박꼬박 모아놓아야 한다고 들었습니다. 세금계산서는 알겠는데, 계산서라는 것도 있네요. 이것도 세금계산서처럼 모아두면 좋은 것인지요. 세금계산서, 계산서, 영수증이 각각 어떤 차이가 있는 것인가요?

만약 정부가 아무런 증거자료도 없이 사업자의 말만 믿고 세금을 걷는다면 어떻게 될까요?

아주 양심적인 사람들은 거짓 없이 자신이 번 것과 쓴 것을 신고하겠지만 아마 대부분의 사업자들은 번 것은 줄이고, 쓴 비용은 늘릴 것입니다.

벌고 쓴 것에 대한 명확한 증거자료가 있다면 정부가 사업자에게 합리적으로 세금을 걷기가 훨씬 쉽습니다. 세금계산서, 계산서, 영수증 등이 바로 이러한 증거자료 역할을 합니다. 하지만 각각 하는 역할과 쓰임새는 조금씩 다릅니다. 어떤 것이든 최소 5년 이상 보관해두어야 혹 문제가 생겼을 때 증거자료로 내보일 수 있습니다.

| 세금계산서 |

세금계산서는 부가가치세법규정에 의해 교부하는 증빙서류로서 공급가액과 부가가치세액이 반드시 별도로 구분표시 되어 있습니다. 또한 공급하는 사업자의 등록번호와 성명, 공급받는 자의 등록번호, 공급가액과 부가가치세액, 작성연월일은 반드시 기재되어야 하며 그 외의 기재사항(업태와 종목, 공급연월일, 단가와 수량 등)을 누락하거나 사실과 다르더라도 세금계산서의 효력에는 아무런 영향이 없습니다.

세금계산서는 일반과세자만이 발행할 수 있으며 간이과세자나 면세사업자는 세금계산서를 발행할 수 없습니다. 이러한 세금계산서는 부가가치세를 징수하였음을 증명하는 영수증으로서 매입세액을 공제받기 위해 꼭 필요한 핵심 서류입니다.

한편, 세금계산서는 공급하는 자가 발행하는 것이 원칙이나 재화나 용역을 공급한 자가 세금계산서를 발행해 주지 않는 경우 공급받은 자는 관할세무서장의 확인을 받아 세금계산서를 발행할 수 있습니다.

| 계산서 |

계산서는 소득세법 및 법인세법에 의해 교부하는 증빙서류로서 부가가치세액을 별도로 표시하지 않고 공급가액만 표시합니다. 따라서 세금계산서와는 달리 매입세액을 공제할 수 있는 증빙서류가 되지 못합니다.

계산서를 교부할 수 있는 자는 부가가치세가 면제되는 면세사업자만에 국한되며 과세사업자가 면세사업을 겸영하는 경우 면세사업에 대해서는 계산서를 발행할 수 있습니다.

| 영수증 |

영수증은 공급받는 자의 등록번호와 부가가치세액을 별도로 기재하지 않는 증빙서류 입니다. 따라서 부가가치세가 포함된 금액을 영수증에 기재하며 부가가치세를 신고할 때 매입세액공제를 받을 수 없습니다. 흔히 간이 영수증이라 부릅니다.

영수증을 교부할 수 있는 자는 간이과세자이거나 또는 일반과세자 중 소매업, 음식점업, 숙박업처럼 주로 사업자가 아닌 소비자에게 재화 또는 용역을 공급하는 사업자들입니다.

KEY POINT 또 다른 영수증, 신용카드매출전표와 현금영수증제도

간이 영수증은 아니지만 영수증과 동일한 역할을 하는 것으로는 신용카드매출전표와 현금영수증이 있습니다.

신용카드매출전표

카드가맹점에서 신용카드로 결제된 영수증을 신용카드매출전표라 합니다. 이는 부가가치세법상 영수증과 같이 취급하고 있습니다. 예전엔 신용카드매출전표를 받으면서 본인의 사업자등록번호를 기재하고 부가가치세를 별도로 구분기재 해 확인한 경우에만 매입세액공제를 받을 수 있었으나 2007년부터는 부가가치세만 별도로 구분기재해도 매입세액공제가 가능합니다. 또한 발행자입장에서는 발행금액에 대해 1.3% 또는 2.6%의 금액을 부가가치세 납부세액에서 차감할 수 있습니다.

현금영수증제도

현금영수증이란 소비자가 병원, 음식점, 술집 등에서 현금으로 계산한 뒤, 현금영수증카드단말기(신용카드 영수증 단말기에 별도의 칩 내장)를 통해 신분을 확인하고 영수증을 발행하는 것을 말합니다.

소비자는 별도의 카드 발급 없이 기존의 신용카드나 직불카드 또는 핸드폰 등을 활용해 현금영수증(기존 신용카드 영수증에 '현금사용'이란 표기가 돼 있음)을 발급받을 수 있습니다. 현금영수증은 일반개인에게 발행되는 소득공제용과 사업자에게 발행되는 지출증빙용 두 가지가 있습니다. 소득공제용은 일반 직장인이 연말정산시 소득공제로 활용되며 지출증빙용은 사업자의 비용증빙자료로 사용되니 사업자로서 사업과 관련된 지출이 있어 현금영수증을 받을 땐 지출증빙을 위한 현금영수증을 발급해달라고 요청해야 합니다.

또한 지출증빙용 현금영수증은 발급받는 자의 사업자등록번호가 기재되며 신용카드매출전표와 마찬가지로 매입세액공제가 가능합니다.

07

세금계산서를 주고받을 때
조심해야 할 사항은 무엇?

· · ·

Q 드디어 처음으로 매출이 발생해 세금계산서를 발행해야 하는데, 거래업체가 제 사업자등록증 사본을 보내달라고 하네요. 어쩐지 기분이 이상합니다. 제가 진짜 사업자인지를 확인하는 것인가요? 아니면 원래 세금계산서를 발행할 때의 관례인가요? 저도 혹 세금계산서를 발행할 때는 똑같이 상대방 업체의 사업자등록증을 받아야 하나요?

세금계산서는 부가가치세를 낼 때 중요한 증빙자료가 됩니다. 세금계산서에는 꼭 정확하게 기재해야 하는 사항들이 있습니다. 만약 잘못 기재하면 세금계산서를 발행한 쪽이나 받은 쪽이나 모두 불이익을 당할 수 있기 때문에 상대방 업체의 정확한 정보를 확인하기 위해 사업자등록증 사본을 요구하는 것입니다.

이 밖에도 세금계산서를 발행할 때는 몇 가지 주의해야 할 사항들이 있습니다. 잘 확인하고 발행하지 않으면 미리 부가세를 지불하고도 나중에 증빙자료로 인정받지 못해 곤욕을 치르게 되는 경우가 있습니다.

| 세금계산서 항목 중, 이것만은 꼭 확인하라 |

세금계산서에는 꼭 기재해야 할 사항이 있습니다. 이러한 것을 전문적인 용어로 '필요적 기재사항'이라고 하는데, 이 중 일부가 기재되지 않거나 내용이 사실과 다르면 세금계산서를 받은 사업자는 매입세액공제를 받을 수가 없으며, 세금계산서를 발행한 사업자도 잘못 발행한 벌로 공급가액의 1% 또는 2%에 해당하는 가산세를 물어야 합니다.

꼭 정확하게 기재해야 할 사항은 다음과 같습니다.

- 공급하는 사업자의 등록번호와 성명 또는 명칭
- 공급받는 자의 등록번호
- 공급가액과 부가가치세액
- 작성연월일

| 정상적인 사업자인지 확인하라 |

세금계산서를 발행할 자격이 없는 간이과세자나 폐업한 사업자로부터 교부받은 세금계산서로는 매입세액공제를 받을 수 없습니다. 따라서 공급하는 사업자가 정상적으로 세금계산서를 발행할 수 있는 업체인지 확인할 필요가 있습니다. 홈택스(www.hometax.go.kr)의 [조회/발급]-[사업자상태]에서 본인 및 거래상대방의 사업자등록번호를 입력하면 쉽게 확인할 수 있습니다.

| 위장 세금계산서와 가공 세금계산서 |

위장 세금계산서란 실제공급자가 아닌 제3자의 명의로 발행된 세금계산서를 말합니다. 이는 실제 공급자의 수입금액이 노출되는 것을 꺼려해 제3자의 명의로 발행되는 불법적인 세금계산서로 예전 언론기관의 세무조사 시에도 나타난 사례가 있습니다.

위장 세금계산서를 수취한 자는 모르고 받았던, 알고 받았던 상관없이 부가가치세 신고 때 매입세액공제를 받을 수 없을 뿐만 아니라 가산세가 추징됩니다. 하지만 거래한 사실은 인정되므로 비용으로 인정받을 수는 있습니다. 거래 사실을 인정받기 위해서 금융기관을 이용하여 대가를 지불하는 게 좋은 방법이 될 것입니다.

가공 세금계산서란 위장 세금계산서와는 달리 실제로 거래가 일어나지 않은데도 불구하고 발행된 세금계산서를 말합니다. 아예 세금계산서를 필요로 하는 사업자를 찾아 일정 수수료를 받고 발행하는 자가 있는데 이를 흔히 '자료상'이라고 합니다. 이런 가공 세금계산서가 적발될 때는 표시금액에 대해 100%에 가까운 추징세액을 납부해야 합니다. 또한 적발된 자료상은 징역형으로 처벌될 수 있습니다.

08

3만 원이 넘으면 영수증은
무용지물?

Q

      거래처 사장님에게 식사 대접을 했는데, 워낙 소박한 곳에서 식사를 해 음식값이 3만 원밖에 나오지 않았습니다. 좀 애매한 금액이어서 그냥 간이 영수증으로 받았는데, 괜찮을까요? 3만 원이 넘어가면 간이 영수증은 인정을 못 받는다는 소문도 있던데.

신용카드매출전표가 아닌 간이 영수증은 신빙성이 떨어질 여지가 많습니다. 영수증은 간이과세자나 일반과세자라도 음식점처럼 최종 소비자에게 재화나 용역을 공급하는 사업자가 교부하는 것입니다. 간이영수증에는 영수증을 받는 쪽의 사업자등록번호를 적을 필요가 없기 때문에 영수증을 발행하더라도 세금계산서처럼 발행한 쪽과 받은 쪽의 내용이 일치하는지 확인할 방법이 없습니다. 따라서 영수증을 발행하고 매출 신고에서 누락시켜도 과세 당국에서 이를 적발해 내기는 힘든 게 현실입니다.

이런 이유로 대부분의 사업자들이 영수증 발행에는 인심이 후합니다. 식당에서 밥을 먹고 영수증을 요구하면 어떤 경우에는 인심 좋게 그냥 빈 영수증을 주는 경우도 흔합니다.

간이 영수증에는 이런 맹점이 있기 때문에 법적으로 한계선을 정해놓고 있으며 이를 모르고 영수증을 받았을 때는 불이익을 받을 수 있습니다.

| 가산세 없이 인정받을 수 있는 영수증 한도액은 3만 원 |

영수증은 부가가치세를 신고할 때 매입세액공제를 받을 수 있는 근거가 되지는 못하지만 법인세 및 소득세를 계산할 때는 필요 경비로 인정받을 수 있습니다. 또한 영수증은 사업과 관련된 것이어야 하지만 사실 개인 사업자의 경우 지출된 비용이 개인적 용도인 것인지 사업적 용도인 것인지 구분하기가 모호할 때가 많습니다.

예를 들어 휴대폰 사용이 개인적 통화인지 사업과 관련된 통화인지, 혹은 자동차 유류대가 개인적인 여가로 인한 소비인지 사업 관련 출장 등에 소비된 건지 구분하기는 사실상 불가능합니다. 때문에 법인 사업자와는 달리 개인 사업자의 경우에는 웬만한 영수증들을 모두 비용 지출 근거로 인정받을 수 있지요.

단 아무런 불이익 없이 비용으로 인정받을 수 있는 영수증의 한도액은 3만 원선입니다. 세금계산서, 계산서, 신용카드매출전표가 아닌 3만 원이 넘어가는 간이 영수증을 비용으로 인정받으려면 거래 금액의 2%에 해당하는 가산세를 납부해야 합니다. 다만 수입금액이 연간 4천800만 원 미만인 소규모 사업자나 소득금액이 추계 결정되는 사업자는 증빙불비가산세가 제외됩니다.

| 1만 원이 넘는 접대비 영수증은 무조건 무효 |

영수증을 비용으로 처리할 때 주의할 점이 또 하나 있습니다. 3만 원이 넘어가는 일반적인 영수증은 가산세를 물면 비용으로 인정되지만 1만 원이 넘는 접대비를 영수증으로 받았을 때는 아예 비용으로 인정받을 길이 없습니다. 따라서 접대비가 1만 원을 초과할 경우에는 신용카드매출전표, 현금영수증을 챙겨두어야 합니다(세금계산서, 계산서도 가능).

09

세금계산서를
제때 받지 못했다면?

●
●
●

Q 　　　지난 12월에 한 유명 쇼핑몰에서 컴퓨터, 프린터 등의 사무기기 등을 신용카드로 구매했는데요, 오늘 세금계산서 발급을 요청하니 12월분 세금계산서는 발급 마감이 되었다고 발급을 못해준다고 하네요. 구매액수가 커서 꼭 세금계산서를 받아야 하는데, 이런 경우는 세금계산서 발급을 받을 수 있는 방법이 전혀 없는 건가요?

원칙적으로 세금계산서는 재화 또는 용역을 공급한 시기에 교부받지 않으면 매입세액을 공제 받을 수 없으며 그 발행자에게는 세금계산서 관련 가산세를 물릴 수 있습니다. 공급시기 이전에 세금계산서를 교부하는 건 무방하나 공급시기 이후에 교부할 수 없는 것이 원칙입니다.

| 실무적으로는 제때 교부하지 않아도 큰 문제가 없다 |

하지만 원칙과는 달리 실무적으로는 거래할 때 바로 세금계산서를 교부하지 않는 경우도 많습니다. 후에 세금계산서를 발행할 때 발행일자도 조금씩 다르게 기재하기도 합니다. 이렇게 원칙을 지키지 않아도 실무적으로는 크게 문제되지 않을 수 있으나 부가가치세의 신고단위인 3개월의 범위는 벗어나지 않는 것이 좋습니다. 한편, 전자세금계산서 제도의 도입으로 세금계산서 작성일자가 속하는 다음달 10일까지는 반드시 전자세금계산서를 발행해야 함을 잊어서는 안 됩니다.

질문하신 분의 경우 12월이 하필 부가가치세의 기준이 되는 분기가 끝나는 달이기 때문에 쇼핑몰 쪽에서는 세금계산서 처리 여부가 복잡해질 수 있습니다. 그렇다고 세금계산서를 발급하지 않을 아무런 권리가 없습니다. 세금계산서를 교부해야 할 자가 세금계산서를 교부하지 않는 경우에는 1년 이하의 징역 또는 그 세액의 2배 이하에 상당하는 벌금형에 처하도록 규정되어 있습니다.

또한 거래할 때마다 세금계산서를 교부해야 하는 번거로움을 덜어주기 위해 특례적으로 일정기간 동안의 거래금액을 합한 '세금계산서'를 교부할 수 있습니다. 거래처별로 1개월 동안의 거래금액을 합해 당해 월의 말 일자를 발행일자로 하여 다음달 10일까지 세금계산서를 교부할 수 있습니다. 기존 거래처가 아닌 신규 거래처에 대해서도 교부가능하며 여러 달치를 합계하여 교부할 수는 없습니다.

매입자도 세금계산서를 발행할 수 있다

세금계산서의 발행은 원칙적으로 공급자가 하는 것입니다. 하지만 공급자가 세금계산서를 발급해야 할 시기에 세금계산서를 발급하지 않은 경우 그 재화 또는 용역을 공급받은 자가 관할 세무서장의 확인을 받아 세금계산서를 발행할 수 있습니다. 이를 '매입자발행세금계산서'라 합니다. 상대적으로 우월한 지위에 있는 사업자가 세금을 회피하거나 그 외의 다른 목적으로 세금계산서를 발행하지 않을 경우 피해를 입을 수 있는 사업자에게 도움을 주기 위한 법이라고 보면 됩니다.

이처럼 매입자가 직접 세금계산서를 발행하려면 매입자의 관할세무서장에게 거래사실을 객관적으로 입증하는 증빙서류를 첨부해 신청해야 하며 그 기한은 거래일로부터 3개월 이내입니다. 또한 거래건당 공급대가가 10만 원 이상인 경우에 한합니다. 신청을 받은 관할세무서는 이를 확인한 후 신청인에게 그 결과를 통지하게 되고 그 결과에 따라 세금계산서를 발행하여 공급자에게 발급하면 됩니다.

세금계산서를 제때 주고받지 않았을 때의 불이익

세금계산서를 거래할 당시에 즉각 주고받지 않았더라도 나중에 처리하면 큰 문제는 없지만 시기가 너무 늦어 이미 부가가치세 신고를 끝낸 뒤라면 세금계산서를 주고받는 양쪽 모두 불이익을 당할 수 있습니다.

세금계산서를 교부하는 자

세금계산서를 제때 교부하지 않아 부가가치세를 신고할 때 누락시켰다면 세금계산서불성실가산세(공급가액의 2%)와 매출누락에 대해 과소신고가산세(미납부세액의 10%), 납부불성실가산세 등의 불이익이 따릅니다. 더 나아가 법인세 또는 소득세를 신고할 때 매출누락으로 연결되면 이에 따른 가산세가 또 추가됩니다.

세금계산서를 교부받는 자

세금계산서를 교부한 자처럼 세금계산서를 제때 받지 않아 추가적으로 물어야 하는 가산세는 없지만 부가가치세를 신고할 때 원칙적으로 매입세액을 공제받을 수 없습니다. 단 실제 거래사실이 확인되는 경우 매입세액 공제가 가능하다는 판례가 나오고 있지만 이를 입증하는 절차가 간단하지만은 않습니다. 매입에 대한 입증이 곤란하면 법인세 또는 소득세를 신고할 때 이를 비용으로 인정받을 수도 없습니다. 따라서 세금계산서를 제때 수취하지 못할 경우에는 금융기관을 통해 거래에 따른 대가를 지불하는 게 만일의 사태에 대비하는 방법입니다.

10

세금계산서를
잘못 발행했을 때는 어떻게?

세금계산서를 발행했는데 공급가액을 잘못 적었습니다. 공급가액이 2천만 원인데, 부가가치세를 잘못 이해해 부가세 10%를 포함한 2천200만 원을 적어버렸습니다. 이럴 때는 어떻게 해야 하나요?

세금계산서를 교부한 뒤에 그 기재사항에 착오 또는 오류가 발생하거나 당초의 거래 내용이 바뀌었을 때는 '수정세금계산서'를 발행해야 합니다. 만약 세금계산서를 수정할 사유가 발생했음에도 수정세금계산서를 발행하지 않는다면 사실과 다른 거짓 세금계산서가 되기 때문에 매입세액 공제가 불가능할 뿐만 아니라 세금계산서 미교부, 미제출 가산세가 부과됩니다.

| 수정세금계산서를 교부해야 하는 경우 |

수정세금계산서를 교부해야 할 사유와 그에 따른 발급절차는 다음과 같습니다.

첫째, 당초 공급한 재화가 환입된 경우

재화가 환입된 날, 즉 되돌아온 날을 작성일자로 기재하고 공급가액은 부(마이너스)의 표시를 하여 발급하면 됩니다. 비고란에는 당초 세금계산서 작성일자를 기재하시면 됩니다.

둘째, 계약의 해제로 재화 또는 용역이 공급되지 않은 경우

일반적으로 세금계산서는 재화 또는 용역을 공급한 시기에 발행하는 것이 원칙입니다. 하지만 그 이전에 거래대금을 지불받아 세금계산서를 발행하는 것은 예외적으로 허용합니다. 이런 경우 계약이 해제돼 재화 또는 용역을 공급받지 못했다면 수정세금계산서를 발행해야 합니다.

수정세금계산서의 작성일자는 당초 세금계산서 작성일자를 기재하고 비고란에는 계약해제일을 부기한 후 공급가액은 부(마이너스)의 표시를 하여 발급하면 됩니다. 만약 당초 세금계산서 작성일자가 속하는 부가세 과세기간에 대한 신고기한이 경과한 후에 계약이 해제되었다면 해당 과세기간에 대해 부가가치세 수정신고(정확한 용어는 경정청구)를 해야 합니다. 한편, 2012년 7월 1일부터는 작성일자를 계약해제일로 기재하도록 변경되어 수정신고의 부담을 없애도록 했습니다.

셋째, 공급가액에 추가 또는 차감되는 금액이 발생한 경우

이 경우에는 증감사유가 발생한 날을 작성일자로 기재하고 추가되는 금액은 검은색 글씨로 쓰고 차감되는 금액은 부(마이너스)의 표시하여 발급하면 됩니다.

KEY POINT   세금계산서를 잃어버렸을 때는?

세금계산서는 각종 세금을 신고할 때 신고서와 함께 제출하는 것이 아닙니다. 혹 문제가 생겼을 때 증거자료로 보여주어야 하기 때문에 사업자는 5년간 세금계산서를 잘 보관해야 할 의무가 있습니다. 따라서 매입세금계산서를 분실하게 되면 매입세액공제를 받을 수 없을 뿐만 아니라 법인세 및 소득세를 신고할 때 이를 비용으로 처리하기도 힘듭니다.

매출세금계산서를 분실한 경우 그 내용을 확인하여 공급자용 세금계산서만 다시 작성하여 보관하면 되고 매입세금계산서를 분실한 경우에는 공급자에게 의뢰하여 세금계산서 복사본을 받아 보관하시면 됩니다. 만약 부가가치세 신고가 다 끝난 상태에서 신고기한이 지난 후에 분실사실을 발견했을 때는 추가적으로 당초 신고내용을 수정하여 신고해야 합니다.

11

종이 없이 세금계산서를
끊는다고?

:

Q   어느 날 거래처에 갔더니 앞으로는 전자세금계산서를 끊어야 한다고 하더군요. 전자세금계산서라니. 지금껏 종이 세금계산서를 끊어도 아무 문제가 없었는데, 왜 알지도 못하는 전자세금계산서를 끊으라고 하는 건가요?

지금까지 세금계산서는 종이로 발행을 해왔습니다. 물론 인터넷으로 상거래가 이루어지는 경우 매입자는 인터넷상으로 발급한 세금계산서를 출력하여 보관하는 경우도 있습니다. 하지만 전자세금계산서제도란 공급자가 세금계산서를 발행할 때 이를 인터넷으로 국세청에 전송하고 매입자에게는 이메일 형태로 세금계산서를 발급하는 것을 말합니다. 결국 종이로 작성된 세금계산서는 없어지는 것이며 모든 세금계산서 발행사항은 국세청 전산시스템에 보관되는 것입니다.

법인사업자의 경우 전자세금계산서 발행이 의무이며, 개인사업자는 직전연도 공급가액이 3억 원 이상이면 의무적으로 전자세금계산서를 발행해야 합니다.

| 전자세금계산서 발행절차 |

우선 국세청 홈택스 홈페이지(www.hometax.go.kr)에 회원가입을 해야 합니다(또는 전자세금계산서 발행을 대행하는 업체에 회원가입을 해야 합니다). 그런 다음 로그인한 후 인터넷상의 세금계산서 양식에 거래상대방, 공급가액 등을 기재하여 국세청에 전송하면 됩니다.

세금계산서 상에는 작성일자도 기재해야 하는데 작성일자는 공급일자가 되는 것이며 전송은 작성일자가 속하는 다음달 11일까지 전송해야만 합니다. 또한 매입자에게 이를 이메일로 전송해야 하는데, 기한은 작성일자가 속하는 다음달 10일까지입니다.

| 전송하지 않으면 불이익이, 전송할 때는 혜택 |

모든 법인사업자와 직전 연도 공급가액의 합계액이 3억 원 이상인 개인사업자는 전자세금계산서를 의무적으로 발행해야 합니다. 만약 기한 내에 전자세금계산서를 전송하지 않으면 공급가액의 2%(종이세금계산서를 발급한 경우 1%)를 가산세로 물어야 합니다. 또한 세금계산서 등 증빙서류는 5년 동안 보관해야 할 의무가 있으나 전자세금계산서에 대해서는 이러한 보관의무가 없습니다.

12

오픈마켓을 운영할 때
세금계산서 발행은 어떻게?

오픈마켓을 운영하려고 합니다. 소비자가 오픈마켓으로 돈을 입금하면 오픈마켓에서 판매자에게 수수료를 공제한 후 일괄 지급할 예정입니다. 결국 수수료만 오픈마켓의 수입이 되는 것인데 이때 판매자에게 세금계산서를 어떻게 끊어주어야 하는 것인지 궁금합니다.

인 터넷이 활성화되면서 전자상거래 또한 급증하고 있습니다. 별도의 점 포를 마련하지 않아도 자유롭게 사업을 할 수 있기 때문에 창업자들이 온라인 시장에 관심을 많이 두는 것도 사실입니다.

온라인 시장을 겨냥한 창업은 여러 가지가 있지만 그 중 대표적인 것이 바로 '오픈마켓'입니다. 오픈마켓이란 사이버공간에 장소만 제공해주면 판매자들이 입점하여 자유롭게 판매하는 쇼핑몰을 의미합니다. 즉, 판매자가 오픈마켓에 입점하여 물건을 팔면 소비자로부터 오픈마켓에 판매대금이 입금되고 판매대금에서 일정수수료를 제한 금액을 오픈마켓 회사가 판매자에게 다시 송금하게 됩니다.

결국 오픈마켓의 수입은 그 일정수수료가 되는 것이며 판매자는 일정수수료를 포함하는 총 판매금액이 총수입금액이 되는 것입니다. 다만 판매자는 일정수수료 부분을 비용으로 처리할 수 있습니다.

따라서 오픈마켓 회사는 실제 수입인 일정 수수료에 대한 세금계산서를 발행하면 되며, 세금계산서상에 공급받는 자는 판매자가 되는 것입니다. 한편 소비자가 세금계산서 발행을 요구할 때는 오픈마켓 회사가 아닌 판매자가 판매대금에 대해 소비자에게 세금계산서를 발행해야 합니다.

13

억울한 세금은
어떻게 구제받을 수 있나?

Q 세금 고지서가 날아왔는데, 어떻게 된 일인지 액수가 장난이 아닙니다. 분명 작년에 경기가 좋지 않아 매출이 형편없었는데도 세금이 너무 많습니다. 무슨 착오가 있는 것이 분명합니다. 이 말도 안 되는 세금을 꼼짝없이 내야만 하는 건가요?

우리는 가끔 턱없이 많은 금액이 적혀있는 납세고지서를 받아들고 흥분하는 사람들을 볼 수 있습니다. 한두 번 내보는 세금도 아닌데 언제 어떻게 잘못되었는지 몰라도 고액의 고지서를 보고 있노라면 화가 날 때도 있습니다.

세무서에서 통보하는 과세예고통지서 또는 납세고지서가 항상 사실과 일치할 수는 없습니다. 즉 사실과 다른 부당한 처분을 받거나 필요한 처분을 받지 못한 경우 이에 대해 즉각적으로 권리행사를 해야 합니다. 그대로 방치해 둔다면 가산금만 더 늘어나고 구제받을 수 있는 기회도 놓쳐버릴 수가 있습니다. 또한 자진신고 납부한 세금이 추후에 잘못된 것임을 발견했을 때는 이를 수정해 세금을 추가로 납부하거나 환급받도록 해야 합니다.

| 납세자보호담당관제도 |

영세한 사업자가 가장 손쉽게 이용할 수 있는 방법은 전국의 모든 세무관서에 설치되어 있는 납세자보호담당관을 찾아가는 것입니다. 납세자의 고충을 토로하는 데는 기한이 정해져 있는 것도 아니고 형식이 있는 것도 아닙니다. 세금과 관련된 모든 애로사항을 상담하면 되며 구체적인 사례를 들면 다음과 같습니다.

> – 세무조사과정에서 장부를 영치(압수)당했는데 이것이 적법한 절차에 의한 것인지 알고 싶을 때
> – 지난해 세무조사를 받았는데 올해 세무조사를 받아 적법하게 조사대상으로 선정되었는지 알고 싶을 때
> – 세무조사가 길어져 사업에 지장이 있거나 심리적 고통을 받을 때
> – 세금부과와 관련 입증자료를 제출했는데 받아들여지지 않을 때
> – 불복청구기간이 지난 뒤에 과세처분이 잘못된 것임을 알았을 때

| 납세고지서를 받기 전에 대처방법 |

과세전적부심사는 납세고지서를 발송하기 이전에 과세할 내용에 대해 미리 알려주는 과세예고통지서나 세무조사결과통지서가 부당하다고 판단될 때 이용하는 제도입니다. 이 제도를 이용하려면 과세예고통지서나 세무조사결과통지서를 받은 날로부터 30일 이내 관할세무서에 청구서를 제출해야 합니다. 이 청구서를 보고 세무서장이 옳고 그름을 심사해 30일 이내에 그 결과를 청구인에게 통지해 줍니다.

| 자진신고 납부한 법인세(종합소득세) 또는 부가가치세 등이 잘못 되었을 때 |

법정신고기한내 신고한 세액이 잘못된 경우 이를 수정해야 합니다. 당초 신고한 세액을 증가시켜야 하는 경우는 이를 '수정신고'라 하며 당초 신고한 세액을 감소시켜야 하는 경우는 '경정청구(수정신고와 경정청구는 용어상의 차이입니다)'라 합니다. 수정신고를 하면 잘못된 신고에 대한 가산세를 덜 부담할 수 있으며 경정청구를 하면 잘못 납부한 세금을 돌려받을 수 있습니다.

당초 신고한 세액이 적어서 수정신고를 할 경우 과소신고가산세(부족세액의 10%)와 납부불성실가산세가 붙습니다. 단 당초신고대상의 신고기한으로부터 6개월 이내 수정신고를 하면 과소신고가산세가 50% 감면됩니다.

경정청구는 언제든지 할 수 있는 것이 아니라 당초신고대상의 신고기한으로부터 5년 이내에 해야 합니다.

수정신고와 경정청구의 신고서 작성방법은 과세표준신고서상에 당초 신고한 내용을 '주서(붉은색)'로 그대로 기재하고 새롭게 수정된 내용은 '흑서(검은색)'로 함께 기재하여 비교하여 볼 수 있도록 하면 됩니다.

| 이의신청, 심사청구, 심판청구 |

위법 또는 부당하여 억울하다고 생각되는 세금이 있는 경우, 이를 시정하도록 요구하는 것을 조세불복이라 합니다. 이는 행정제도가 아닌 법에 의한 권리구제제도로 일정한 절차와 형식을 갖추어야 합니다.

이의신청은 세무서 또는 지방국세청에 제기하는 것이며 심사청구는 국세청에, 심판청구는 재정경제부 산하 국세심판원에 제기하는 것입니다. 또한 감사원에 제기하는 심사청구가 있으며 이러한 청구중 하나를 택일하여 청구할 수 있습니다. 이러한 청구는 반드시 고지서를 받은 날 또는 세금부과 사실을 안 날로부터 90일 이내 관련서류를 제출하여야 합니다.

위 청구에 대한 결과로 구제를 받지 못한다면 그 결과통지서를 받은 날로부터 90일 이내 행정소송을 제기 할 수 있습니다. 이러한 청구제도 등을 이용할 때 90일의 기한을 지키지 않으면 사건을 심리해 보지도 않고 배척당하는 점을 유의하기 바랍니다.

■ 조세불복절차

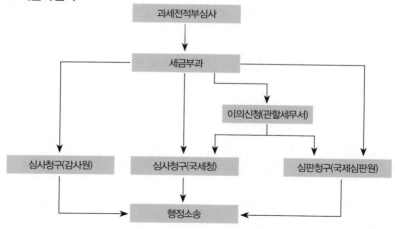

부가가치세와 소득세

01

사업 초기라 매출이 없는데도
부가세 신고를 해야 하나?

●
●
●

사업을 시작한 지 6개월이 조금 안되었습니다. 아직까지 매출이 하나도 없는데 덜컥 부가가치세를 신고해야 한다는 7월이 되었습니다. 세무서에 물어봤더니 매출이 없어도 신고는 해야 한다고 하는데, 뭘 어떻게 하는 것인지 모르겠습니다.

많은 창업자들이 부가가치세를 신고해야 하는 달에는 안절부절 하기 시작합니다.

"번 것도 없는데 번거롭게 꼭 부가가치세 신고를 해야 하나?"

"매출을 조금 올리긴 했지만 세금계산서를 교부하지 않았는데 이런 경우에는 어떻게 해야 하나?"

의문은 끝도 없이 꼬리에 꼬리를 물고 이어집니다.

| 매출이 없으면 당연히 낼 부가가치세도 없다 |

면세사업자가 아닌 과세사업자라면 매출실적이 없더라도 원칙적으로 부가가치세 신고를 해야 합니다. 세금을 걷는 입장에서 보면 회사가 문을 닫아 신고되지 않은 것인지, 아니면 실적이 없어서 신고 되지 않은 것인지 구분하기가 힘들기 때문에 원칙적으로 매출실적이 없어도 신고하는 것을 기본으로 합니다.

방법은 간단합니다. 부가가치세 신고서에 사업자등록번호, 사업자명, 주소, 전화번호 등의 기본 인적사항만 기재하고 표에 한글로 '무실적'이라고 적어 제출하면 됩니다. 이렇게라도 신고하는 것이 원칙이지만 아무런 실적이 없어 신고하지 않은 것이라면 가산세를 물어야 하는 불이익은 없습니다.

| 매출은 없어도 매입이 있을 경우 꼭 신고 |

매출은 발생하지 않았지만 매입 또는 사업초기 투자에 따른 세금계산서를 수취하였다면 반드시 신고를 하는 것이 좋습니다. 매출이 없어 내야 할 부가가치세가 없는 상태이기 때문에 매입하면서 부담해야 했던 부가가치세를 돌려받을 수 있습니다.

반대로 매출이 있었지만 세금계산서를 교부하지 않았을 때는 어떻게 될까요? 부가가치세 신고서에 적는 매출액은 세금계산서에 의한 것뿐만 아니라 세금계산서를 발행하지 않은 현금매출분도 함께 적어야 합니다. 따라서 1천만 원의 매출을 올렸지만 세금계산서를 발행하지 않았다면 1천만 원에 해당하는 부가세 100만 원을 납부해야 합니다.

이 100만 원은 거래 업체가 부담했어야 하는 부가가치세이지만 세금계산서를 발행하지 않았기 때문에 매출을 올린 사업자 몫이 되는 거지요. 반대로 매입을 했던 업체도 1천만 원을 지출하였지만 세금계산서를 받지 않았기 때문에 매입세액공제를 받을 수 없습니다. 결국 매출, 매입 양 업체 모두에게 손해가 가기 때문에 물건을 사고 팔 때 꼭 세금계산서를 발행하는 것이 좋습니다.

02

부가가치세는 언제 신고하고
납부해야 하나?

•
•
•

저는 개인 사업자입니다. 부가가치세는 1년에 두 번만 신고하면 된다고 알고 있는데, 비슷한 시기에 사업을 시작한 제 친구는 벌써 부가가치세를 신고했다네요. 그 친구는 왜 벌써 부가가치세를 신고한 것일까요? 미리 신고하면 어떤 이익이 있어서인가요?

부가가치세를 미리 신고하면 무슨 이익이 있는 것이 아니라 친구분은 사업자 형태가 개인이 아닌 법인일 것입니다. 부가가치세는 개인 사업자냐 법인 사업자이냐에 따라 신고하는 방법이 다릅니다.

| 법인 사업자의 경우 |

법인사업자의 신고·납부는 1년에 4번입니다. 각 분기의 실적에 대해 각각 4월 25일, 7월 25일, 10월 25일, 다음해 1월 25일까지 자진 신고·납부해야 합니다. 이 중 4월 25일(1월 1일~3월 31일분)과 10월 25일(7월 1일~9월 30일분)에 신고하는 것은 일명 '예정신고'라고 부릅니다.

예정신고는 아직 정확하지는 않지만 장래에 부정확한 부분이 있는 경우에는 정산할 것을 전제로 미리 부가가치액을 정해 신고하는 것으로 법인사업자에게만 해당합니다. 결국 법인 사업자는 1년에 4번 부가가치세를 신고하지만 최종적으로 부가가치액이 확정되는 확정신고 기간은 개인 사업자와 동일한 7월 25일과 다음해 1월 25일까지가 됩니다. 예정신고 부분은 후에 확정신고 시에 부정확한 부분을 반영해 신고할 수 있습니다.

| 개인 사업자로서 일반과세자인 경우 |

개인 사업자의 신고·납부는 1년에 2번입니다. 1월 1일부터 6월 30일까지 실적에 대해 7월 25일까지, 7월 1일부터 12월 31일까지의 실적에 대해서는 다음해 1월 25일까지 신고·납부하면 됩니다.

1년에 두 번 사업자가 스스로 신고서를 작성해 관련 서류를 제출하면 되는데, 이러한 자진신고·납부 외에 납세고지서에 의해 납부하는 때가 있습니다. 이는 국세청이 전번에 신고한 부가가치세를 기준으로 매년 4월과 10월 초에 고지서를 보내는데, 각각 4월 25일과 10월 25일까지 납부해야 합니다. 즉 개인 사업자는 예정신고를 하는 게 아니라 그 기간에 대해 고지서에 의한 금액만을 납부하면 되는 것이며 그 금액이 50만 원 미만일 경우에는 이러한 고지마저 생략하고 그냥 넘어갈 수 있는 것입니다.

| 개인 사업자로서 간이과세자인 경우 |

간이과세자의 신고는 1년에 1번이며 1년간의 실적에 대해 다음해 1월 25일까지 신고 · 납부하면 됩니다. 한편 1월 1일부터 6월 30일까지의 기간에 대해 관할 세무서는 7월 초에 납세고지서를 보내는데, 이는 직전년도에 납부했던 금액의 1/2에 상당하는 금액입니다. 따라서 고지서에 의한 금액을 7월 25일까지 납부하면 되는 것이며, 그 금액이 50만 원 미만일 경우 일반과세자와 동일하게 납세고지서를 발부하지 않습니다.

| 부가가치세 신고 시 제출해야 할 서류 |

부가가치세를 신고할 때의 기본 증빙서류는 세금계산서와 영수증 등입니다. 이 증빙서류는 부가가치세를 신고할 때 함께 제출하는 것이 아니라 확정신고 기간 종료일로부터 5년 동안 보관하는 것입니다. 이밖에도 갖추어야 할 다른 서류들이 있는데 이는 일반과세자와 간이과세자에 따라 조금씩 차이가 있습니다.

일반과세자가 준비해야 할 서류
– 일반과세자 부가가치세 확정(예정)신고서 : 이는 두 장으로 구성되어 있습니다.
– 매출처별 세금계산서 합계표
– 매입처별 세금계산서 합계표
– 신용카드 매출전표 발행금액 등 집계표 : 이는 신용카드 매출전표 또는 직불카드영수증을 발행하는 자 및 전자적 결제수단에 의해 대금을 결제받는 자가 제출하는 서류입니다.
– 신용카드매출전표수취명세서 : 신용카드매출전표를 교부받은 사업자로서 공급받는 자와 부가가치세액을 별도로 기재해 매입세액공제를 받고자 하는 자가 제출하는 서류입니다.
– 매입처별 계산서 합계표 : 음식점등을 영위하는 사업자가 교부받은 계산서에 의해 의제매입세액공제를 받고자 하는 자가 제출하는 서류입니다.
– 부동산임대공급가액명세서 : 부동산임대사업자가 제출하는 서류로서 보증금에 대한 이자와 월세수입금액등에 대한 내역을 기재합니다.

간이과세자가 준비해야 할 서류
– 간이과세자 부가가치세 신고서
– 매입처별 세금계산서 합계표
– 부동산임대공급가액명세서
– 신용카드 매출전표 발행금액 등 집계표

03

부가가치세 예정고지액이
실제 매출보다 많이 나왔다면?

•
•
•

개인 사업자는 일 년에 두 번만 부가세를 신고하면 된다고 알고 있는데, 작년 후반기에 납부한 부가세의 50%인 65만 원이 올해 1분기 예정고지액으로 날아왔습니다. 매출이 하나도 없었는데 예정고지액을 꼭 내야 하는 건가요?

앞에서 자세히 설명했지만 부가가치세는 1년에 두 번, 즉 1월부터 6월까지의 실적에 대한 신고를 7월에, 7월부터 12월까지의 실적에 대한 신고를 다음해 1월에 합니다. 하지만 법인의 경우 이 외에도 4월과 10월에 신고를 더 해야 합니다. 7월과 1월에 하는 신고를 '확정신고', 4월과 10월에 하는 신고를 '예정신고'라 부릅니다. 이처럼 예정신고는 법인에게는 의무적인 사항이지만 개인 사업자는 하지 않아도 되는 것이어서 질문하신 분처럼 중간에 예정고지액이 나오면 당황하기 마련입니다. 개인 사업자인데도 예정고지액이 나온 것은 지난 분기 납부한 부가가치세가 있기 때문입니다. 예를 들어 지난해 7월부터 12월에 해당하는 부가가치세를 130만 원 납부했다면 별도로 부가가치세를 신고하지 않아도 다음 해 4월에 130만 원의 50%에 해당하는 65만 원의 부가가치세를 납부하라는 예정고지서가 날아옵니다.

1월과 3월 사이의 실적에 대한 부가가치세가 65만 원이 넘을 경우 미리 납부하면 그만큼 7월에 내야 할 부가가치세에 대한 부담이 줄어듭니다. 하지만 문제는 매출이 전혀 없거나 적어서 내야 할 부가가치세가 없거나 예정고지액보다 터무니없이 적을 경우입니다. 사업도 잘 안 되는데 예상치 못한 부가가치세를 내야 하는 상황이 어이가 없을 것입니다.

걱정할 필요가 없습니다. 이럴 경우에는 개인 사업자라도 예정신고를 하면 됩니다. 3개월분에 대한 예정신고를 하고 실제 실적에 대한 부가가치세만 낼 수 있습니다. 매출이 하나도 없어 내야 할 부가가치세가 없다면 내지 않아도 됩니다.

간혹 내야 할 부가가치세가 없는데 예정고지서가 날아왔으니 이의신청을 해야 하지 않느냐고 묻는 분들이 있습니다. 예정신고를 하면 예정고지는 없었던 것이 되므로 별도로 이의 신청을 할 필요는 없습니다. 만약 이런 절차를 몰라 예정고지액을 미리 납부했는데, 6개월 동안의 실적이 없었다면 납부했던 예정고지액을 돌려받게 됩니다.

04

일반과세자와 간이과세자의
부가가치세 계산 방법

.
.
.

부가가치세는 거래금액의 10%라고 들었습니다. 아직 정확하게 계산해보지는 않았지만 매출보다 매입이 더 많은 것 같은데, 이러면 돈을 돌려받는 것이 맞나요? 납부해야 할 부가가치세는 어떻게 계산하나요?

부가가치세는 면세사업자를 제외하면 일반과세자와 간이과세자 모두 내야 합니다. 다만 일반과세자와 간이과세자는 납부해야 할 부가가치세를 계산하는 방법이 조금 다릅니다.

| 일반과세자의 경우 |

일반과세자의 납부세액은 매출세액에서 매입세액을 뺀 금액이 최종 납부하여야 할 부가가치세가 됩니다. 매출세액은 신고대상기간에 공급한 재화 등의 공급가액(부가가치세를 제외한 가격)에 10%를 곱한 금액이며, 매입세액은 신고대상기간에 공급받은 재화 등의 공급가액에 10%를 곱한 금액입니다.

단 여기서 매출세액은 세금계산서에 의한 것뿐만 아니라 세금계산서를 발행하지 않은 현금매출 분까지 포함된 금액입니다. 매입세액을 차감하기 위해서는 반드시 세금계산서를 받아두어야 합니다. 매입이 있었어도 세금계산서를 받아두지 않았던 금액은 공제를 받을 수 없습니다. 이러한 계산구조에서 매출세액보다 매입세액이 큰 경우에는 환급받을 수 있습니다.

또한 수출 등 영세율이 적용되는 경우에는 매출세액이 없습니다.

부가가치세 = 매출세액 − 매입세액

| 간이과세자의 경우 |

간이과세자란 직전 1년의 총 수입금액이 8천만 원에 미달하는 사업자로서 신규사업자는 간이과세를 적용받을 수 있습니다. 간이과세자의 매출세액 계산 구조는 다음과 같습니다.

매출세액 = 신고대상기간의 공급대가(부가가치세가 포함된 가격) ×
         업종별 부가가치율 × 10%

업종	부가가치율
소매업, 음식점업	15%
제조업, 소화물 전문 운송업	20%
숙박업	25%
건설업, 운수 및 창고업, 정보통신업	30%
금융 및 보험, 전문과학 및 기술, 부동산 임대, 부동산 관련 서비스업 등	40%
그 밖의 서비스업	50%

이러한 매출세액에서 추가적인 세액공제가 가능한데 이는 다른 사업자로부터 세금계산서 · 신용카드매출전표 · 현금영수증을 교부받은 경우 가능합니다. 세액공제액은 세금계산서 등에 기재된 매입세액에서 업종별 부가가치율을 곱한 금액입니다.

세액공제액 = 매입세액 × 업종별 부가가치율

05

일반과세자의 부가가치세 신고서 작성은 어떻게?

● ● ●

Q 　　　드디어 처음으로 제대로 된 부가가치세 신고를 하게 되었습니다. 첫 분기는 매출이 없어 '무실적'이라고만 써서 냈고, 이번 분기에는 세금계산서를 주고받은 것이 제법 됩니다. 세무사에게 맡기면 간편하지만 이번만큼은 실무 감각도 익힐 겸 직접 하고 싶습니다. 그런데 제법 신고서 양식이 복잡하네요. 어느 항목에 뭘 어떻게 집어넣어야 하는지 좀 알려주세요.

많은 분들이 복잡한 세무 관련 일은 세무사에게 편하게 다 맡기고, 사업자들은 사업에만 집중하는 것이 바람직하다고 조언을 합니다. 사업을 시작하면서 처음부터 세무사에게 의뢰하면 세금계산서를 주고받을 때 어떤 점을 주의해야 하는지, 영수증만 잘 모아놓으면 알아서 최대한 세금이 적게 나오도록 해주지만 편한 것만이 제일이 아닐 때가 있습니다.

사업이 정신을 차리지 못할 정도로 바빠지면 세무, 회계 업무를 세무사에게 일임하는 것이 좋지만 신고할 내용이 별로 없을 경우, 혹은 세무사에게 대행을 맡겼어도 기본적인 사항들을 알고 싶은 분들은 직접 부가가치세 신고서를 작성해보는 것도 도움이 될 것입니다.

일반과세자 김사장의 매출, 매입 현황 사례

이해를 돕기 위해 구체적인 사례를 놓고 부가가치세 신고서를 작성해보도록 하겠습니다.

음식점을 경영하는 김사장은 일반과세자로 1월 1일부터 6월 30일까지에 대한 부가가치세 확정신고를 하려 합니다. 6개월 동안의 매출, 매입 관련 자료는 다음과 같습니다.

- 세금계산서를 발행한 매출분은 없으며 신용카드 매출전표 발행분은 1억 7천600만 원이다. 현금매출도 있으나 정확히 얼마인지 잘 모른다.
- 주류, 음료, 임차료 등에 대한 세금계산서를 받은 금액은 부가가치세를 제외하고 7천500만 원이며 에어컨을 구입하면서 수취한 세금계산서가 200만 원(부가가치세제외)
- 육류 등 음식재료를 구입하면서 받은 계산서 2천835만 원
- 영수증을 수취한 금액이 500만 원
- 4월 중에 예정고지서에 의해 납부한 세금이 370만 원

│확정신고 때 신고서 작성 사례│

다음은 김사장이 위 데이터를 기준으로 신고해야 할 부가가치세 신고서 내용입니다. 그럼 각 항목별로 어떻게 계산된 것인지 알아보겠습니다.

또한 신고서 각 항목을 어떻게 작성하는 것인지 몰라도 관할 세무서에 가면 스스로 신고서를 작성할 수 있도록 도와주는 '자기작성교실'이 준비되어 있습니다. 현장에서 일하시는 세무사들과 전문 도우미들이 상주하고 있기 때문에 관련 증거자료들만 잘 취합해서 가면 전문적인 도움을 받아 신고서를 작성할 수도 있습니다.

❶ 신 고 내 용			금 액	세율	세 액
과세 표준 및 매출 세액	과세	세금계산서 발급분 (1)		$\frac{10}{100}$	0
		매입자발행세금계산서 (2)		$\frac{10}{100}$	
		신용카드·현금영수증 발행분 (3)	160,000,000	$\frac{10}{100}$	16,000,000
		기타(정규영수증 외 매출분) (4)	50,000,000		5,000,000
	영세 율	세금계산서 발급분 (5)		$\frac{0}{100}$	
		기 타 (6)		$\frac{0}{100}$	
	예 정 신 고 누 락 분 (7)				
	대 손 세 액 가 감 (8)				
	합 계 (9)		210,000,000	㉮	21,000,000
매입 세액	세금계산서 수취분	일반매입 (10)	75,000,000		7,500,000
		고정자산 매입 (11)	2,000,000		200,000
	예 정 신 고 누 락 분 (12)				
	매입자발행세금계산서 (13)				
	기 타 공 제 매 입 세 액 (14)		28,350,000		2,100,000
	합 계 (10)+(11)+(12)+(13)+(14) (15)		105,350,000		9,800,000
	공제받지 못할 매입세액 (16)				
	차 감 계 (15)-(16) (17)		105,350,000	㉯	9,800,000
납 부 (환 급) 세 액 (매 출 세 액 ㉮ - 매 입 세 액 ㉯)				㉰	11,200,000
경감 · 공제 세액	기타 경감·공제세액 (18)				
	신용카드매출전표 등 발행공제 등 (19)		176,000,000		2,288,000
	합 계 (20)		176,000,000	㉱	2,288,000
예 정 신 고 미 환 급 세 액 (21)				㉲	
예 정 고 지 세 액 (22)				㉳	3,700,000
금지금 매입자 납부특례 기납부세액 (23)				㉴	
가 산 세 액 계 (24)				㉵	
차가감하여 납부할 세액(환급받을 세액)(㉰-㉱-㉲-㉳-㉴+㉵) (25)					5,212,000
총괄납부사업자가 납부할 세액(환급받을 세액)					

❷ 국세환급금계좌신고	거래은행	은행	지점	계좌번호	
❸ 폐 업 신 고	폐업일		폐업사유		

발행한 세금계산서가 없으므로 (1)란은 0을 기입합니다.

(3)란에는 신용카드 및 현금영수증 발행분을 기재하는데 이는 부가가치세가 제외된 금액을 기재해야 합니다. 따라서 신용카드 매출분은 1억7천600만 원 ×(100/110)=1억6천만 원이 됩니다.

(4)란에는 대략 추정한 현금매출 금액 5천만 원을 기재하도록 하겠습니다. 현금매출에 대해서는 사실상 사업자 본인밖에 모르기에 얼마를 신고하더라도 이를 사실상 검증할 수가 없습니다. 하지만 국세청에서는 내부적으로 업종마다 부가율이란 잣대를 정해놓고 이 기준에서 크게 벗어나면 매출누락의 의심을 받게 됩니다. 여기서 부가율이란 '(매출액-매입액)/매출액'로 정의됩니다.

일반매입 (10)란에는 7천500만 원을 기입하고 고정자산매입인 (11)란에는 에어컨을 구입한 금액 200만 원을 기입합니다.

음식점의 경우 의제매입세액공제('Section 05 음식점을 할 때 농수산물 구입 비용을 공제받을 수 있나?' 참조)가 적용됩니다. 따라서 (14)금액란에 2천835만 원을 기입하고, 세액란에는 2천835만 원×(8/108)=210만 원을 기입합니다. 참고로 (14)란의 기타공제매입세액란에는 그 종류가 여러 개 있으나 매입세액공제가 허용되는 신용카드매출전표이면확인분이 있으면 이를 포함하여 이란에 기입해야 합니다. 또한 (14)란의 구체적 내용은 신고서의 두 번째장에 기입해야 합니다.

신용카드 매출전표 발행공제(Section 05의 '신용카드(현금영수증) 가맹점에 가입하면 세금을 줄일 수 있다고?' 참조) 등의 (19)금액란에는 1억7천600만 원을 기입하는데 이는 부가가치세가 포함된 금액을 기재해야 함을 주의해야 합니다. 세액란에는 발행금액의 1.3%인 228만 8천 원을 기입합니다. 이와 함께 '신용카드 매출전표 발행금액 등 집계표'를 제출해야 합니다.

예정고지세액(22)의 세액란에는 370만 원을 기입합니다.

영수증을 수취한 500만 원에 대해서는 부가가치세 신고 시 아무 효력이 없습니다. 결과적으로 납부할 세액은 1천120만 원인데, 여기에 신용카드를 이용해 세액이 228만 8천 원 감해졌고, 예정신고 때 370만 원을 이미 납부했으므로 최종 납부액은 521만 2천 원이 됩니다.

KEY POINT 부가세는 어디서 납부하고, 또 어떻게 돌려받을까?

드디어 신고서 작성을 끝내면 납부해야 할 부가세가 얼마인지, 또 돌려받는다면 얼마만큼을 돌려받는지 알 수 있을 것입니다. 신고서에 국세환급금계좌신고난이 있는 것을 보니 돌려받을 세액은 이 난에 적은 통장으로 들어온다는 것을 쉽게 알 수 있지만 부가세를 내는 것은 어떻게 하는 것인지 모르겠다고요?

간단합니다. 부가가치세를 신고할 때 세무서에 가면 신청서들 옆에 부가가치세를 낼 수 있는 영수증이 비치되어 있습니다.

[별지 제8호 서식] (2003.1.24 개정)
영 수 증 서(납세자용)

세무서별로 서코드, 납부연월, 납부구분, 세목, 세무서 이름, 계좌번호 등은 이미 인쇄된 형태가 많습니다. 내야 할 부가세를 적고 은행이나 우체국에 내면 됩니다.

요즘에는 '홈택스'라는 온라인 서비스가 활성화 되어 굳이 세무서에 가지 않고도 부가세를 신고할 수 있고, 부가세 납부도 바로 홈택스에서 할 수 있습니다.

06

간이과세자의 부가가치세 신고서
작성은 어떻게?

●
●
●

Q 동네에서 조그맣게 슈퍼마켓을 하고 있습니다. 연매출이 8천만 원 미만이어서 간이과세자로 분류되어 있습니다. 간이과세자는 부가가치세 신고가 좀 더 간단하다고 하는데, 저 같은 경우는 얼마나 나올까요?

간이과세자는 일반과세자가 발행한 세금계산서는 받을 수 있으나 거꾸로 세금계산서를 발행할 수는 없습니다. 보통 간이과세자의 매출은 그리 크지 않기 때문에 일반과세자에 비해 부가가치세를 신고하는 양식도 간단하고, 세액계산 방법도 유리합니다. 그럼 소매업인 동네 슈퍼마켓을 경영하는 사업자의 사례를 살펴볼까요?

| 간이과세자 매입, 매출 현황 예 |

슈퍼마켓 사업자는 간이과세자로서 1월 1일부터 12월 30일까지에 대한 부가가치세 확정신고를 하려 합니다. 1년 동안 신고자료는 다음과 같습니다.

> ‒ 세금계산서를 발행한 매출분은 없으며, 신용카드 및 현금영수증 발행분은 7천 300만 원
> ‒ 음료, 제과, 담배, 임차료 등에 대한 세금계산서를 수취한 금액은 부가가치세를 제외하고 5천200만 원. 에어컨을 구입하면서 받은 세금계산서가 200만 원(부가가치세 제외)
> ‒ 간이과세자이어서 예정고지세액이 없다.

| 간이과세자 신고서 작성 사례 |

일단 신고서 양식부터 일반과세자에 비해 훨씬 간단합니다. 간이과세자에게만 적용되는 부가가치율이라는 것은 업종에 따라 법으로 정해놓았다는 것을 기억하시기 바랍니다.

❶ 신고내용

구분				금액	부가가치율	세율	세액
과세표준 및 매출세액	21.6.30. 이전 과세분	전기 · 가스 · 증기 및 수도사업	(1)		5/100	10/100	
		소매업, 재생용 재료수집 및 판매업, 음식점업	(2)		10/100	10/100	
		제조업, 농 · 임 · 어업, 숙박업, 운수 및 통신업	(3)		20/100	10/100	
		건설업, 부동산임대업, 그 밖의 서비스업	(4)		30/100	10/100	
	21.7.1. 이후 과세분	소매업, 재생용 재료수집 및 판매업, 음식점업	(5)	73,000,000	15/100	10/100	1,095,000
		제조업, 농 · 임 · 어업, 소화물 전문 운송업	(6)		20/100	10/100	
		숙박업	(7)		25/100	10/100	
		건설업, 운수 및 창고업(소화물 전문 운송업 제외), 정보통신업, 그 밖의 서비스업	(8)		30/100	10/100	
		금융 및 보험 관련 서비스업, 전문 · 과학 및 기술서비스업(인물사진 및 행사용 영상 촬영업 제외), 사업시설관리 · 사업지원 및 임대서비스업, 부동산 관련 서비스업, 부동산임대업	(9)		40/100	10/100	
	영세율 적용분	세금계산서 발급분	(10)			0/100	
		기타	(11)			0/100	
	재고 납부세액		(12)				
	합계		(13)	73,000,000		㉮	1,095,000
공제세액	매입세금계산서등 수취세액공제	21.6.30. 이전 공급받은 분	(14)				
		21.7.1. 이후 공급받은 분	(15)	54,000,000			810,000
	의제매입 세액공제		(16)				
	매입자발행 세금계산서 세액공제	21.6.30. 이전 공급받은 분	(17)			뒤쪽 참조	
		21.7.1. 이후 공급받은 분	(18)				
	전자신고 세액공제		(19)				
	신용카드 매출전표등 발행세액공제	21.6.30. 이전 공급한 분	(20)				
		21.7.1. 이후 공급한 분	(21)	73,000,000			285,000
	기타		(22)				
	합계		(23)			㉯	1,095,000
매입자 납부특례 기납부세액			(24)			㉰	
예정 부과(신고) 세액			(25)			㉱	
가산세액계			(26)			㉲	
차감 납부할 세액(환급받을 세액) (㉮−㉯−㉰−㉱+㉲)			(27)				0

슈퍼마켓은 소매업에 해당하므로 모든 매출분은 (5)란에 기재합니다. 세액란에는 매출금액에 부가가치율을 곱하고 다시 10%를 곱한 금액을 기재해야 하는데 소매업에 대한 부가가치율을 15%라고 가정하면 세액은 1,095,000원입니다.

(15)란에는 수취한 매입세금계산서상의 공급가액을 기입하고 세액란에는 소매업의 부가가치율 15%를 적용하여 810,000원을 기입합니다.

(21)란에는 부가가치세가 포함된 신용카드 및 현금영수증 발행금액을 기재하고 세액란에는 그 금액의 1.3%(2024년 이후엔 1%)를 기입합니다. 다만 (13)란의 1,095,000에서 (15)란의 810,000을 차감한 285,000을 초과할 수는 없기에 285,000원을 기입하고 최종 납부할 세액은 0원이 됩니다.

07

면세사업자는 부가가치세로부터
완전 자유?

사업자등록을 할 때 면세사업자로 등록했습니다. 면세사업자인데도 물건을 살 때 세금계산서를 받아야 하나요? 또 세금계산서를 받는다면 여기에 포함된 부가가치세를 돌려받을 수 있는 건가요?

면세사업자는 부가가치세를 낼 의무가 없는 것이 맞습니다. 그렇지만 면세사업자라고 부가가치세 외의 다른 모든 세금이 면제되는 것은 아닙니다. 사업을 해서 벌어들인 소득에 대해서는 소득세 또는 법인세를 납부해야합니다.

| 세금계산서를 받아야 하는 이유 |

면세사업자는 부가가치세를 내지 않아도 되기 때문에 잘못 하면 세금계산서를 받지 않아도 된다고 착각하기 쉽습니다. 사실 매출에 대한 부가가치세를 내지 않는 대신 매입할 때 세금계산서를 받아두었더라도 이를 돌려받을 수는 없습니다.

하지만 이 세금계산서는 나중에 소득세나 법인세를 납부할 때 중요한 비용지출 근거가 되므로 꼭 받아두는 것이 좋습니다. 받아두지 않는다면 필요 경비로 인정받지 못해 과도한 세금을 내야 할 수도 있습니다.

또한 부가가치세는 없더라도 매출이 어느 정도인지는 파악해둘 필요가 있기 때문에 면세사업자는 세금계산서 대신 계산서를 발행합니다.

| 부가가치세 신고 대신 사업장현황신고 |

부가가치세가 면제되는 면세사업자는 매년 2월 10일까지 사업장현황신고를 해야 합니다. 사업장현황신고서에는 직전년도의 수입금액과 매입금액, 사업장 기본시설, 임차료·인건비·기타 제경비 등 기본경비와 계산서발행금액 및 수취금액을 구분해 빠짐없이 기재해 신고해야 합니다.

사업장현황신고서를 제출하지 않거나 불성실하게 신고하는 사업자는 사업장현황에 대한 직접조사 또는 소득세 조사를 받게 됩니다.

신고 시 제출서류는 사업장현황신고서, 매입처별 계산서합계표, 매출처별

계산서합계표, 매입처별 세금계산서합계표이며 각종 합계표는 해당사항이 있는 경우만 제출합니다.

다만, 병원, 한의원, 동물병원, 학원, 연예인, 대부업, 주택임대업자는 수입금액검토표를 추가로 제출해야 합니다.

사 업 장 현 황 신 고 서

관리번호 [   ] 과세기간 (년   월   일 ~   년   월   일)

※ 작성요령은 제2쪽을 참조하십시오

1. 인적사항

①상 호		②사업자등록번호				-		-		
③성 명		④주민등록번호					-			
⑤사업장(주소)				⑥전화번호						
⑦전화번호(자택)		⑧휴대전화		⑨e-mail						
⑩개업연월일			⑪폐업연월일							

2. 수입금액(매출액) 내역

(단위:원)

	⑫업 태	⑬종 목	⑭업종코드	수 입 금 액 (매 출 액)		
				⑮소계(⑯+⑰)	⑯계산서발행금액	⑰기타금액
01						
02						
03						
⑱ 합 계						

3. 수입금액(매출액) 결제수단별 구성명세

(단위:원)

⑲합계(=⑱=⑳+㉑+㉒)	⑳신용카드매출액	㉑지로(GIRO)매출액	㉒기타금액

4. 계산서 및 세금계산서 수취금액

(단위:원)

㉓합 계(㉔+㉕)	㉔계산서를 받고 매입한 금액	㉕세금계산서를 받고 매입한 금액

5. 기본사항

(단위:㎡, 원, 대, 명)

시 설 현 황				㉚종업원수
㉖건 물	㉗임차보증금(타가)	㉘차 량	㉙기타특수시설 등	

6. 기본경비

(단위:원)

㉛합 계(㉜~㉟)	㉜임차료	㉝매입액	㉞인건비	㉟기타제경비

소득세법 제78조 및 동법시행령 제141조 제1항의 규정에 의하여 신고합니다.

년   월   일

신 고 인   (서명 또는 인)
세무대리인(관리번호   )   (서명 또는 인)
세무서장 귀하

※구비서류 : 매출(입)처별계산서합계표, 매입처별세금계산서합계표 등(해당자만 제출)

08

과세사업과 면세사업을
같이 할 경우 부가가치세 신고는?

처음에는 일반과세자로 사업자등록을 했지만 조그맣게 주택 임대사업을 하면서 면세사업을 겸하게 되었습니다. 이럴 경우 부가가치세 신고는 어떻게 해야 하나요?

부 가가치세가 과세되는 재화·용역과 면제되는 재화·용역을 함께 공급하는 사업자는 부가가치세 과세·면세 겸영사업자가 됩니다. 이러한 겸영사업자는 사업자등록 시 과세사업자로 등록하게 되며, 부가가치세를 신고·납부해야 합니다.

| 매입세액 구분 기준 |

납부세액을 계산할 때는 과세사업과 면세사업을 구분해 부가가치세 납부세액을 계산해야 합니다. 따라서 겸영사업자가 과세·면세사업에 공통으로 사용되는 재화 또는 용역을 구입한 경우 과세사업에 사용되느냐 면세사업에 사용되느냐의 구분이 명확하다면 그 귀속에 따라 과세사업에 사용되는 경우만 매입세액으로 공제받을 수 있습니다.

하지만 매입내용이 어디에 속하는지 분명하게 구분할 수 없을 때는 다음과 같은 산식에 의해 과세사업관련 매입세액만 공제 받을 수 있습니다.

공통매입세액×(당해 과세기간 과세사업 공급가액/당해 과세기간 총공급가액)

공통매입세액이란 과세·면세사업에 공통으로 사용되는 재화 또는 용역의 매입세액을 말하며 과세기간이란 1월부터 6월까지 또는 7월부터 12월까지의 부가가치세 신고대상기간을 말합니다.

| 면세의 적용대상 |

면세사업자는 사업자 임의로 적용할 수 있는 것이 아니라 다음에 소개된 사항이라야 합니다.

1. 기초생활 필수품 · 용역 : 미가공식료품 및 비식용 농 · 축 · 수 · 임산물, 수돗물, 연탄과 무연탄, 여객운송용역, 주택과 그 부수토지의 임대용역

2. 국민후생 · 문화관련 재화 · 용역 : 의료보건용역과 혈액, 교육용역, 도서, 신문, 잡지 관련, 주택(국민주택규모 이하)

3. 생산요소 : 토지의 공급, 금융보험용역, 일정한 인적용역

하지만 단순히 위의 사항만 보고는 면세 여부를 확실하게 판단하기 어려울 수도 있습니다. 예를 들어 김치, 두부 등 단순 가공식료품은 면세이지만 조미료 · 향신료 등을 가미하여 가공 처리한 식료품인 맛김, 볶거나 조미한 멸치, 조미하여 건조한 쥐치포 등의 어포류는 과세대상입니다.

또한 약사가 제공하는 의약품의 제조용역은 면세이나 단순한 의약품의 판매는 과세이며, 토지의 공급은 면세이나 토지의 임대는 과세, 건물 등의 공급과 상가건물의 임대는 과세이나 주택의 임대는 면세입니다.

이처럼 얼핏 보기에는 면세 분야에 해당하는 것으로 생각할 수도 있지만 구체적인 내용을 살펴보면 과세인 경우가 제법 많으니 정확하게 면세 업종을 이해하고 대처하기 바랍니다.

09

일을 했는데 왜 3.3%를
떼고 줄까?

· · ·

프리랜서로 웹 사이트를 500만 원에 개발해주기로 계약을 하고 일을 마쳤습니다. 기분 좋게 일을 끝내고 결제를 받았는데, 이상하게 통장에 들어온 돈이 500만 원이 아닌 483만 5천 원밖에 안되네요. 16만 5천 원이 비는데, 이 돈은 대체 어디로 간 걸까요?

질 문하신 분처럼 요즘에는 임시든 정식이든 고용관계가 아닌 독립적으로 일을 해주고 돈을 받는 프리랜서들이 많습니다. 프리랜서로 일해 본 경험이 있는 분들은 누구나 원래 약속했던 금액보다 조금 깎인 금액이 결제되는 것을 경험해 보았을 것입니다. 처음에는 잘못 들어온 것이라 생각해 거래업체에 전화도 해보고, 아니면 혼자서 기분나빠하기도 했을 것입니다.

이 문제에 대한 열쇠를 찾으려면 프리랜서의 의미부터 정확하게 알아야 합니다.

| 프리랜서도 엄연한 사업자 |

별도의 사업장을 갖추지 않고, 사업설비도 없이 순수하게 자신의 노동력을 파는 사람들을 보통 '프리랜서'라고 부릅니다. 이처럼 근로자처럼 노동력을 제공하지만 개인이 고용된 형태가 아닌 독립적인 자격으로 노동력을 제공하는 자는 사업자에 해당합니다. 결국 독립적으로 일하는 프리랜서는 사업자나 마찬가지이지요.

이러한 사업자는 보통의 사업자처럼 사업자로서의 모든 의무를 준수해야 하지만 그렇다고 일반과세자나 간이과세자처럼 부가가치세를 낼 필요가 없습니다. 면세사업자라 할 수 있죠. 면세대상에 해당하는 인적용역을 구체적으로 나열하면 다음과 같습니다.

- 저술 · 도서 · 도안 · 조각 · 작곡 · 음악 · 무용 · 만화 · 삽화 · 만담 · 배우 · 성우 · 가수와 이와 유사한 용역
- 연예에 관한 감독 · 각색 · 연출 · 촬영 · 녹음 · 장치 · 조명과 이와 유사한 용역
- 건축감독 · 학술용역과 유사한 용역
- 음악 · 재단 · 무용 · 요리 · 바둑의 교수와 이와 유사한 용역

- 직업운동가 · 역사 · 기수 · 운동지도가와 이와 유사한 용역
- 접대부 · 댄서와 이와 유사한 용역
- 보험가입자의 모집 · 저축의 장려 등을 하고 실적에 따라 보험회사 또는 금융기관으로부터 받는 모집수당 · 장려수당 또는 이와 유사한 성질의 대가를 받는 용역과 서적 · 음반 등(야쿠르트, 건강식품, 화장품 등 상품의 내용과 관계없음)의 외판원이 판매실적에 따라 대가를 받는 용역
- 저작자가 저작권에 의하여 사용료를 받는 용역
- 교정 · 번역 · 고증 · 속기 · 필경 · 타자 · 음반취입과 이와 유사한 용역
- 고용관계가 없는 자가 다수인에게 강연을 하고 강연료 · 강사료 등의 대가를 받는 용역
- 라디오 · TV방송을 통하여 연설 · 계몽 또는 연기를 하거나 심사를 하고 사례금 또는 이와 유사한 성질의 대가를 받는 용역
- 개인이 물적시설 없이 근로자를 고용하지 아니하고 독립적으로 일의 성과에 따라 수당 또는 이와 유사한 성질의 대가를 받는 용역

| 부가가치세는 없다. 단 원천징수는 있다 |

개인이 고용관계 없는 독립된 형태로 노동력을 공급하는 행위가 반복된다면 이로써 얻게 되는 소득은 '사업소득'으로 분류됩니다. 부가가치세를 내는 사업자들의 경우 직접 부가가치세를 주거나 받았다가 국가에 세금을 납부하지만 프리랜서와 같은 사업자는 다릅니다. 부가가치세를 낼 의무가 없는 대신 제공한 인적용역에 대한 대가를 받을 때 세금을 미리 떼이게 됩니다. 이처럼 부가가치세 면세 대상인 일정한 인적용역을 제공받은 사업자가 그 대가를 지급할 때 아예 일정금액을 세금으로 떼어두었다가 국가에 납부하는 것을 '원천징수'라고 합니다.

원천징수를 하는 이유는 개인들이 일일이 자신의 소득을 계산해두었다가 세금을 납부하는 것이 사실상 힘들기 때문에 탈세를 할 우려가 많기 때문입니다.

따라서 소득이 발생하는 시점에 아예 세금을 빼두면 탈세의 위험도 줄고, 정부로서는 세금을 일찍 거둬들일 수 있을 뿐만 아니라 징수 업무가 간단하다는 장점이 있습니다.

사업소득에 대한 원천징수세액은 지급금액의 3.3%(주민세포함)이며, 다음 해 5월 31일까지 종합소득세를 신고할 때 다시 세액계산을 하여 이미 납부한 원천징수세액을 차감한 금액을 납부하거나 환급을 받습니다. 다만, 보험모집인과 방문판매원인 경우에는 근로소득과 마찬가지로 연말정산을 할 수 있으며, 방문판매원은 신청한 경우에 한합니다.

10

부가가치세를 좀 더 일찍
돌려받으려면?

•
•
•

신축상가를 분양받아 임대를 줄 때 임대사업자 등록을 하면 부가가치세를 환급받는 것으로 알고 있습니다. 그러면 분양받아 임대를 주지 않고 직접 장사를 할 경우 부가가치세를 환급받을 수 없는 건가요? 환급받을 수 있다면, 방법 좀 알려주세요.

매 출보다 매입세액이 많으면 부가가치세를 돌려받는데, 보통 신고기간
이 경과된 후 30일 이내에 받게 됩니다. 예정신고 의무가 있는 법인사
업자는 예정신고 때 환급받을 세액이 발생해도 이를 돌려주지 않고 다음 확정
신고에 반영해 납부할 세액에서 공제하는 것이 기본입니다.

부가가치세를 빨리 돌려받을 수 있는 경우

확정신고 기간이 아니더라도 다음과 같은 경우에 해당하면 부가가치세를 일
찍 돌려받을 수 있습니다.

> – 사업설비를 신설 · 취득 · 확장 또는 증축하는 때
> – 재화 또는 용역의 공급에 대해 영세율이 적용되는 때

질문하신 분처럼 임대업을 할 때는 상가나 주택을 분양받은 시점부터 완공
돼 실제로 사업을 개시하기까지 상당히 많은 시간이 걸립니다. 하지만 이 경우
새로운 사업을 하기 위해 '사업설비를 신설, 취득, 확장 또는 증축하는 때'에 해
당하므로 조기 환급을 받을 수 있습니다. 완공되기까지 기다리지 말고 분양받
은 즉시 부동산임대업자로 사업자등록을 한 후 부가가치세법에 의한 확정 신
고를 하면 본인이 부담한 부가가치세를 환급받을 수 있습니다. 이는 부동산임
대업에 한정된 게 아니라 모든 사업에 적용됩니다.

이 외에도 영세율이 적용되는 수출 사업을 할 때도 조기환급을 받을 수 있습
니다. 여기서 영세율이란 수출 등 일정한 거래에 대해 매출세액을 산출할 때
공급가액에 10%를 적용하는 것이 아니라 0%의 세율을 적용하는 것을 말합니
다. 따라서 영세율이 적용되는 사업을 영위하는 자는 차감하는 매입세액만 있
기 때문에 본인이 부담한 매입세액은 전액 환급받게 됩니다.

조기환급을 받을 수 있는 경우에 해당하면 매월 25일까지 신고할 수 있으며, 이로부터 15일 이내에 환급세액을 돌려받을 수 있습니다. 다만, 사업설비의 신설·취득·확장 또는 증축에 해당하는 경우 사업설비투자실적명세서를 신고서에 첨부해야 합니다.

| 조기환급을 받을 때 주의해야 할 사항 |

건물 등의 구입으로 매입세액공제 또는 환급을 받은 경우 사후 10년간은 일반과세자를 유지해야 합니다. 취득 후 10년 이내에 폐업을 하거나 간이과세자로 변경된다면 환급받은 금액 중 일부를 재계산해 납부해야 하기 때문입니다.

다만 이러한 사유에 해당해도 다음과 같은 방법을 사용하면 환급받은 세액을 재납부하지 않아도 됩니다.

| 10년 이내에 폐업할 때 제 3자에게 사업 양도 |

건물 등을 구입 후 10년 이내에 폐업을 할 때 폐업과 함께 제3자에게 사업을 양도하면 환급받은 세액을 재 납부하지 않아도 됩니다. 여기서 사업의 양도란 사업장별로 그 사업에 관한 모든 권리와 의무를 포괄적으로 승계시키는 것을 말하며, 일반과세자가 간이과세자에게 사업을 양도하는 것은 사업의 양도로 보지 않습니다.

또한 부동산임대사업자가 분양받은 상가를 미완공 상태에서 양도하게 될지라도 포괄적양도가 가능합니다.

| 간이과세자로 과세유형 변경 시 포기 신청 |

부가가치세를 환급받은 후 총수입금액이 8천만 원이 안되면 간이과세자로 과세유형이 전환됩니다. 그러면 환급받은 일정액을 재 납부해야 합니다. 이를 막기 위해서는 간이과세 포기 신청을 해 일반과세자로 남아 있으면 됩니다. 간이과세 포기 신청을 하면 총수입금액에 상관없이 신청 후 3년간 일반과세자를 유지할 수 있습니다. 향후 또다시 3년 뒤 간이과세자로 과세유형이 변경되는 통지를 받으면 또 다시 포기신청을 하면 됩니다.

11

전화료, 도시가스료에 포함된
부가세를 돌려받을 수 있을까?

∶

세금 폭탄을 맞지 않으려면 평소 지출한 영수증을 잘 모아두어야 한다고 들었습니다. 전화세, 도시가스료, 전기세를 낸 영수증도 차곡차곡 모아두고 있는데, 어느 날 영수증을 잘 살펴보니 부가세가 별도로 표시되어 있더군요. 이 부가세를 돌려받을 수 있는 방법이 없을까요?

결론부터 이야기하자면 전화료, 도시가스료, 전기료에 포함된 부가세는 얼마든지 돌려받을 수 있습니다. 단 부가세로 돌려받으려면 일반 개인이 아니라 사업자라는 것을 해당 기관에 확인하는 과정을 거쳐야 합니다.

전화요금, 도시가스 등의 고지서를 잘 보면 공급자번호가 나오고, '공급받는 자' 난에 '*********'라는 표시가 나옵니다. 부가세를 돌려받으려면 해당 기관에 연락을 해서 부가세 공제를 받으려고 하니 사업자 번호가 나오게 해달라고 요청해야 합니다. 요청할 때는 사업자임을 증명할 수 있는 사업자등록증 사본을 우편이나 팩스로 제출해야 합니다.

사업자임이 확인되면 '*********'로 표시되어 있던 '공급받는 자' 란에 신청한 분의 사업자 등록 번호가 찍히게 될 것입니다. 이렇게 사업자번호가 기재된 경우에는 전화요금이나 도시가스 요금 납부 영수증이 세금계산서와 똑같은 역할을 하게 됩니다.

핸드폰 역시 사업상의 목적으로 통화를 자주 한다면 이 또한 같은 방법으로 부가세를 돌려받을 수 있습니다.

12

오픈마켓의 판매 가격에는
부가가치세가 포함되어 있나?

외국을 자주 여행하는 저로서는 귀국할 때마다 국내에서는 보기 힘든 독특한 액세서리를 한두 개씩 가져옵니다. 몇 년 동안 제법 많은 액세서리를 모았는데, 그 중 싫증난 것들을 요즘 옥션, 인터파크 등과 같은 오픈마켓에서 팔고 있습니다. 제가 팔고 있는 가격, 즉 오픈마켓에서 파는 가격에 부가가치세가 포함된 것인가요?

오픈마켓 회원은 개인회원과 사업자회원으로 구분됩니다. 개인자격으로 팔았다면 낙찰된 가격에 부가가치세가 포함되지 않은 것이고, 사업자자격이라면 포함된 것입니다. 다만, 이렇게 간단하게만 구분하기에는 무리가 따르는데, 개인자격이라도 판매행위가 지속적이어서 사업성이 있다면 사업자로 간주하기 때문입니다. 이 경우에는 개인자격이라도 부가가치세를 신고, 납부해야 합니다. 또한, 사업자등록증이 있는 사업자가 오픈마켓에서 개인회원자격으로 물품을 판매할 때도 실질적으로 기존사업에 귀속되는 것이라면 합산해 신고해야 합니다. 결국 오픈마켓의 회원가입 시 개인회원가입이냐 사업자회원가입이냐가 중요한 게 아니라 실질적으로 사업자이냐 아니냐가 문제의 핵심이 되는 것입니다.

| 오픈마켓 판매가 중 부가세는 얼마? |

보통 부가가치세는 거래금액의 10%입니다. 하지만 오픈마켓에서 물건을 팔 때는 그 물건이 과세품목이라면 낙찰가격에 부가가치세가 이미 포함되어 있습니다. 오픈마켓의 낙찰가격에 포함된 부가가치세는 낙찰가격의 10/110에 상당하는 금액입니다. 따라서 부가가치세 신고 시 매출세액은 낙찰가격의 10/110이 되며, 소득세 신고 시 매출액은 100/110이 됩니다.

| 오픈마켓과의 거래로 인한 수수료의 처리 |

오픈마켓의 수수료는 물품을 판매한 사업자의 입장에서 보면 비용입니다. 따라서 오픈마켓 회사로부터 전자세금계산서를 받을 수 있으며, 이로 인해 수수료에 포함된 부가가치세는 매입세액공제가 가능합니다. 또한, 소득세를 신고할 때는 부가가치세를 제외한 수수료에 대해 비용처리를 할 수 있습니다. 사업자이지만 개인회원으로 가입해 수수료에 대한 전자세금계산서를 발급받지 못했다면, 오픈마켓의 관련 담당자에게 세금계산서 발행을 요청하면 됩니다.

13

종합소득세 및 법인세는
어떻게 결정되나?

사업자라면 부가가치세 외에 1년에 한 번 사업으로 인해 벌어들인 소득에 대해 세금을 납부하는 걸로 알고 있습니다. 물론 많이 벌면 그만큼 세금도 많으리라 생각하지만 구체적으로 납부세액이 어떻게 결정되는지 알고 싶습니다.

사업자는 부가가치세 외에 1년 동안 사업으로 벌어들인 소득에 대하여 소득세를 납부해야 합니다. 개인 사업자는 매년 1월 1일부터 12월 31일까지의 소득에 대한 종합소득세를, 법인인 경우는 회계연도기간(통상적으로 1월 1일부터 12월 31일)의 소득에 대한 법인세를 납부하게 됩니다.

종합소득세는 6가지 소득으로 구분

소득의 종류에 구분 없이 그 소득에 대한 귀속이 개인이면 소득세법을, 법인이면 법인세법을 적용합니다(다만 상속·증여에 대해서는 예외적으로 상속·증여세법을 적용합니다).

법인세법에서는 소득의 종류를 구분하고 있지 않으나 소득세법에서는 소득의 종류를 8가지(이자소득, 배당소득, 사업소득, 근로소득, 연금소득, 기타소득, 퇴직소득, 양도소득)로 구분하고 있으며 이중 2가지 소득(퇴직소득, 양도소득)을 제외한 6가지 소득을 합산하여 결정되는 소득세를 '종합소득세'라고 합니다. 2010년부터 부동산임대소득을 사업소득에 포함시켰습니다.

종합소득세에 포함되는 6가지 소득 중 사업소득은 사업자만에게만 해당되는 소득인 것이며 따라서 개인 사업자가 알아야 할 부분은 사업소득이 어떻게 결정되느냐 하는 것입니다.

사업소득금액의 결정

사업과 관련한 총수입금액에서 이에 소요된 각종 필요경비를 차감한 금액을 사업소득금액이라 합니다.

사업소득금액 = 총수입금액 − 필요경비

이 금액과 다른 5가지 소득 금액을 합계한 금액에 대해 소득세율을 적용하여 산출되는 금액이 사업자가 납부하게 될 종합소득세입니다. 2012년까지는 배당소득과 이자소득이 연간 4천만 원을 넘으면 사업소득에 합산해 종합소득세 신고를 해야 했습니다. 그런데 2013년부터는 이 기준이 2천만 원으로 인하되었습니다.

법인은 태생적으로 사업을 위해 생겨났으니 모든 수입과 지출이 사업과 관련된 사업소득으로 보면 되며 개인 사업자인 경우 사업과 직접 관련이 없는 수입과 지출은 구분할 필요가 있습니다.

총수입금액의 결정

현금으로 받은 수입은 물론 현금을 아직 받지 못했더라도 그 대금에 관해 청구할 권리가 있으면 수입금액으로 보아야 합니다. 또한 세금계산서, 기타 영수증을 발부한 사실여부와는 상관이 없습니다. 그렇지만 대부분의 사업자는 세금계산서를 발부하지 않은 현금매출에 대해서 신고할 때 수입금액을 누락시키는 경우가 많은데, 이는 분명한 탈세행위입니다.

필요경비의 결정

필요경비란 총수입금액을 얻기 위해 소요된 비용의 합계액으로 사업과 관련된 것이라야 합니다. 총수입금액산정과는 달리 필요경비로 인정되려면 세금계산서나 영수증, 기타 증빙서류를 제대로 갖추어야만 합니다.

또한 개인 사업자와 법인사업자에 따라 필요경비로 인정되는 경우가 조금씩 다른데 잘 알아두면 그만큼 절세를 할 수 있습니다. 여기서는 몇 가지 대표적인 비용 관련 절세 방법만 소개하겠습니다.

개인 사업자에 있어서 사업주에 대한 급여는 인건비로 인정되지 않으나 그의 배우자 또는 직계존비속 등을 그 사업에 종사하게 하고 그들에게 지급하는 경우 필요경비에 산입할 수 있습니다. 또한 총수입금액을 얻기 위해 직접 사용된 부채에 대한 이자비용은 필요경비에 산입할 수 있습니다.

접대비명목으로 사용된 금액은 일정한 한도(최소 1천200만 원) 내에서 필요경비로 인정받을 수 있으며, 이는 부가가치세신고 시 매입세액을 공제받을 수 없는 항목입니다. 또한 기계장치나 매입한 건물 등의 감가상각자산에 대해서는 매년 일정한 방식에 의해 감가상각비로 필요경비에 산입할 수 있습니다.

이외에 필요경비는 아니지만 전년도의 사업부진으로 인해 전년도의 사업소득금액이 마이너스인 경우 이를 당해 총수입금액에서 차감할 수 있습니다.

| 납부세액의 결정 |

최종적으로 납부해야 할 세액이 결정되기까지는 복잡한 계산과정을 거치게 되는데 사업소득금액이 확정되면 그 다음 계산과정은 그리 중요하지 않다고 판단되기에 간략히 설명하겠습니다.

사업소득 외에 다른 소득이 없다고 가정한 경우 사업소득금액에서 인적공제 등 종합소득공제란 수단을 통해서 일정금액을 차감한 금액을 과세표준이라 합니다(법인인 경우에는 종합소득공제가 없습니다). 이러한 과세표준에 정해진 세율을 적용하면 납부할 소득세 및 법인세가 산출됩니다. 다만, 납부한 중간예납세액이 있는 경우 이를 차감한 금액을 종합소득세 또는 법인세신고시에 납부하게 됩니다.

개인사업자의 소득세율(2023년 이후 귀속분)

개인사업자는 총 8단계의 초과누진세율 구조를 취하고 있습니다. 2023년부터는 단계도 세분화되고, 단계별 기준 금액도 변경되었습니다. 이 세율은

2023년 이후 귀속분부터 적용됩니다.

과세표준금액	세율
1,400만 원 이하	6%
1,400만 원 ~ 5,000만 원	15%
5,000만 원 ~ 8,800만 원	24%
8,800만 원 ~ 1억5천만 원	35%
1억5천만 원 ~ 3억 원	38%
3억 원 ~ 5억 원	40%
5억 원 ~ 10억 원	42%
10억 원 초과	45%

법인사업자의 법인세율(2023년 이후 귀속분)

법인사업자의 세율은 개인사업자가 8단계로 구분된 것과 달리 4단계의 초과 누진세율을 취하고 있습니다.

과세표준금액	세율
2억 원 이하	9%
2억 원 ~ 200억 원	19%
200억 원 ~ 3,000억 원	21%
3,000억 원 초과	24%

KEY POINT 중간예납세액이란?

과세기간 중에 소득세 또는 법인세의 일부를 미리 납부해야 하는 제도가 있는데 이에 납부하는 세금을 '중간예납세액'이라 합니다.

1. 개인 사업자인 경우

중간예납세액은 원칙적으로 전년도의 실적을 기준으로 하여 계산되는데 이는 전년도의 납부세액에 대해 대략 50% 금액입니다. 이는 매년 11월 1일부터 11월 15일까지 관할 세무서로부터 납세고지서를 통지받고 11월 30일까지 고지된 금액을 납부하면 됩니다.

2. 법인사업자인 경우

개인 사업자인 경우에는 납세고지서에 따라 납부하지만 법인인 경우에는 납부세액을 직접 계산해 이를 자진신고 및 납부해야 합니다. 중간예납세액은 직전 사업연도의 실적을 기준으로 하는 방법과 당해 사업연도 개시 일부터 6월간의 실적을 가결산하는 방법 중 한 가지를 선택하여 계산할 수 있습니다. 이렇게 계산된 중간예납세액은 그 중간예납기간(당해 사업연도 개시 일부터 6월간)이 경과한 날부터 2월 이내 신고 · 납부해야 합니다.

14

소득공제와
세액공제의 차이는?

• • •

소득세가 너무 많이 나왔습니다. 소득이 높지도 않은데, 다른
사람에 비해 공제받을 수 있는 항목이 적다는 게 결정타였던 것 같습니다. 올
해는 어쩔 수 없지만, 내년부터라도 세금을 줄이기 위해서 공제항목을 자세히
알고 싶습니다. 공제는 소득공제와 세액공제가 있다는데, 각각 어떤 내용이
며, 어떤 차이가 있는지 궁금합니다.

| 소득공제 |

총수입금액에서 필요경비를 차감한 금액이 소득금액입니다. 이 소득금액에서 세율을 적용하기 전에 차감할 수 있는 항목을 '소득공제 항목'이라고 합니다.

인적공제 · 부양가족의 상황에 따라 공제되는 것을 인적공제라고 하며, 기본 공제, 추가공제가 이에 해당합니다. 기본공제에는 본인, 배우자, 부양가족으로 3가지 공제가 있으며, 3가지 모두 150만 원씩 공제됩니다. 단, 배우자는 연간 소득금액이 100만 원 이하, 부양가족은 20세 이하 또는 60세 이상이어야 합니다. 추가공제에는 경로우대, 장애인, 부녀자로 3가지 공제가 있으며, 경로우대 공제는 70세 이상이어야 합니다.

구분	명칭	공제금액(원)	기타사항
기본공제	본인공제	1,500,000	사업자본인(무조건 공제대상자임)
	배우자공제	1,500,000	연간 소득금액이 100만 원 이하인 배우자
	부양가족공제	1,500,000	생계를 같이하는 부양가족 중에서 나이가 20세 이하 또는 60세 이상인 자로서 연간 소득금액이 100만 원 이하인 자
추가공제	경로우대공제	1,000,000	기본공제대상자가 70세 이상인 경우
	장애인공제	2,000,000	기본공제대상자가 장애인인 경우
	부녀자공제	500,000	사업자본인이 여성으로 배우자가 있거나 부양가족이 있는 세대주인 경우

소기업, 소상공인 공제부금에 대한 소득공제 · 사업자가 중소기업협동조합 법에 따른 소기업, 소상공인 공제에 가입하여 납부하는 공제부금에 대해서는 공제부금납부액과 500만 원 중 적은 금액을 공제 받을 수 있습니다.

| 세액공제(또는 세액감면) |

세액공제는 소득공제와는 달리 세율 적용을 한 후의 산출세액에서 직접 공제되는 것을 의미합니다. 따라서 소득공제는 소득금액을 줄이는 효과가 있지만 세액공제는 세액공제액만큼 세금이 줄어드는 효과가 있습니다.

기장세액공제 • 간편장부 대상자가 복식부기에 의한 장부를 할 경우 산출세액의 20%를 공제받을 수 있습니다. 한도는 100만 원까지며 신규사업자는 첫해는 자동으로 간편장부 대상자이므로 첫해년도는 세액공제가 가능합니다.

정치자금의 세액공제 • 정치자금법에 따라 정당에 기부한 정치자금은 10만 원까지는 그 기부금액의 100/110을 세액공제하고 10만 원을 초과하는 금액에 대해서는 15% 세액공제를 받을 수 있습니다.

중소기업에 대한 특별세액감면 • 일정한 업종을 제외한 사업자로서 업종과 규모에 따라 산출세액의 5~30%를 공제받을 수 있습니다.

연구인력개발비 세액공제 • 기업부설연구소가 있는 경우 이와 관련하여 지출된 연구인력개발비는 업종에 상관없이 지출액의 일정비율 공제받을 수 있습니다.

전자신고세액공제 • 사업자가 직접 홈택스를 통하여 부가가치세 확정 신고, 소득세 신고를 할 경우 각각 1만 원(부가세 신고 시), 2만 원(소득세 신고 시)의 세액을 공제받을 수 있습니다.

자녀세액공제 • 기본공제대상 자녀가 만 8세 이상으로서 1명인 경우 15만 원, 2명이면 30만 원, 그리고 3명 이상일 경우에는 30만 원에 2명을 초과하는 1명당 30만 원을 추가한 금액을 세액공제 받을 수 있습니다. 또한, 해당 과세기간에 출생한 자녀가 있는 경우 첫째는 30만 원, 둘째는 50만 원, 셋째는 70만 원의 세액공제가 가능합니다.

15

법인세와 소득세를
분납할 수 있을까?

∷
∷

Q 사업 초기라 매입과 매출을 꼼꼼하게 챙기지 못해 법인세가 1천500만 원이나 나왔습니다. 매입계산서를 제대로 챙기지 않은 것이 후회막급일 따름입니다. 당장 세금을 내야 하는데 한꺼번에 1천500만 원이라는 거액을 마련하기가 쉽지 않습니다. 어떻게 방법이 없을까요?

법인세와 소득세는 모두 사업소득금액, 즉 총수입금액에서 필요경비를 뺀 금액을 기준으로 세금이 부과됩니다. 따라서 최소 법인세와 소득세가 1천만 원 이상이 되려면 개인 사업자의 경우 필요경비를 뺀 순 소득이 약 5천500만 원, 법인의 경우 약 1억 원이 되어야 합니다. 따라서 어떤 의미에서는 1천만 원 이상 세금을 내야 한다는 것은 그만큼 사업을 성공적으로 수행했다는 것을 상징하는 것일 수도 있습니다.

하지만 매출과 매입을 제대로 관리하지 못해 세금만 많이 내야 하는 경우라면 한꺼번에 1천만 원 이상의 세금을 내기가 힘들 수밖에 없습니다. 다행히 법인세와 종합소득세의 경우 납부할 세액이 1천만 원 이상이면 두 번에 나누어서 낼 수 있습니다. 납부기한까지 일부를 납부하고 나머지금액은 2개월 후에 납부하는 것입니다. 납부금액이 2천만 원 이하인 경우에는 1천만 원을 납부기한까지 납부하고 나머지를 2개월 후에 납부하면 되며, 납부금액이 2천만 원 이상인 경우에는 그 반을 납부기한까지 납부하고 나머지 반을 2개월 후에 납부하면 됩니다.

분납을 위해서는 신고기한(납부기한)까지 관할세무서장에게 신청하면 됩니다. 참고로 양도소득세 또한 같은 방법으로 분납이 가능합니다. 한편 부가가치세는 분납이 불가하니 이점 유의하기 바랍니다.

16

기장만 잘 해도 소득세,
법인세가 준다고?

• • •

일기를 쓴다든가, 가계부를 쓰는 것처럼 매일 매일 무언가를 기록하는 일은 저에게는 쥐약입니다. 번거롭지만 회사마다 경리를 따로 두거나 세무사에 의뢰해 기장을 하는 것을 보면 무슨 특별한 이유가 있는 모양입니다. 기장을 하면 어떤 이득이 있을까요?

'**기**장'이란 세금계산서 및 영수증 등 증빙서류를 근거로 거래사실을 장부에 일일이 기록하는 것을 말합니다. 왜 기장을 할까요? 바로 소득세와 법인세를 정확하게 산출하기 위해서입니다. 기장하는 이유가 정확하게 세액을 산출하는 것만을 위한 것이라면 그다지 매력이 없을 수도 있습니다. 기장을 적극 권유하는 진짜 이유는 다음과 같습니다.

| 기장을 잘하면 적자 사실 쉽게 인정 |

부가가치세는 일일이 기장을 하지 않아도 주고받은 세금계산서가 증거가 되지만 소득세나 법인세는 납세자의 말만 믿을 수는 없기 때문에 세금계산서 뿐만 아니라 각종 영수증과 같은 증빙자료를 첨부한 기장 내용을 보고 인정을 해줍니다.

세금을 신고 · 납부할 때가 되면 대부분의 납세자들은 사업을 해서 손해만 봤는데 세금이 웬말이냐고 불평을 터트립니다. 정말 번 것보다 손해 본 것이 많아 적자라면 원칙적으로 세금을 낼 필요가 없습니다.

하지만 이 적자가 난 부분을 인정받을 수 있는 근거가 바로 기장된 자료입니다. 이것 역시 거짓으로 기장했을 수도 있기 때문에 거래내역에 대해 세금계산서나 영수증, 신용카드매출전표와 같은 증거자료를 같이 첨부해야 하는 것입니다.

| 적자분은 차기년도 소득금액에서 공제 |

적자가 난 부분은 부가가치세처럼 당장 돌려받을 수 있는 것은 아니지만 법인세 및 소득세는 손실난 금액만큼 다음 연도 소득금액에서 차감할 수 있습니다. 이렇게 손실이 난 금액을 '결손금'이라 합니다.

예를 들어 사업자가 2013년도에 총수입금액이 1억 원이고 지출한 총 비용이

1억 4천만 원이었다면 4천만 원의 결손금이 발생하게 됩니다. 또한 2014년도에 총수입금액이 2억 원이고 지출한 총비용이 1억 5천만 원이었다면 5천만 원의 소득이 발생하게 됩니다.

이에 2013년도에는 결손이 발생하였으므로 소득세(법인세)를 납부하지 않아도 되며, 2014년도에 납부할 세금은 소득 5천만 원에 대한 세금이 아니라 2013년의 결손금 4천만 원을 차감한 1천만 원의 소득에 대해 세금을 납부하게 됩니다.

만약 2014년도에 사업부진으로 4천만 원 미만의 소득이 발생하였다면 차감하고 남는 결손금은 또 다시 2015년도에 발생할 소득에서 차감할 수 있습니다. 이렇듯 결손금이 발생하면 향후 10년 내에 발생한 소득에서 차감할 수 있으니 기장을 잘해야 할 이유가 충분하지요?

KEY POINT 결손금 소급공제를 받을 수 있는 중소기업이란?

여기서 말하는 중소기업은 세법상 중소기업으로 분류된 기업이라야 합니다. 그 기준은 다음과 같습니다.

1. 다음 사업을 주된 사업으로 해야 한다.

제조업, 광업, 건설업, 엔지니어링 사업, 물류산업, 운수업 중 여객운송업, 어업, 도매업, 소매업, 전기통신업, 연구 및 개발업, 방송업, 정보처리 및 기타 컴퓨터 운영 관련업, 자동차 정비공장, 의료업, 폐기물 처리업, 종자 및 묘목생산업, 축산업, 과학 및 기술 서비스업·포장 및 충전업, 영화산업, 공연산업, 전문디자인업, 뉴스제공업, 관광진흥법에 의한 관광사업

2. 종업원의 규모 및 자기자본의 제한

상시 사용하는 종업원 수·자본금 또는 매출액이 업종별로 중소기업기본법시행령별표의 범위 기준 이내여야 합니다. 다만, 상시 사용하는 종업원 수가 1천명 이상이거나 자기자본이 1천억 원 이상인 경우 또는 매출액이 1천억 원 이상인 경우에는 중소기업으로 보지 않습니다.

3. 실질적인 독립성 제한

실질적인 독립성을 갖추어야 한다. 만약 실질적으로는 대기업의 계열사이지만 형식적으로만 중소기업인 경우에는 적용되지 않습니다.

17

복식부기 vs 간편장부

사업자라면 누구나 기장을 해야 한다고 해서 선배 회사에서 경리 장부 양식을 구경했는데, 이거 복잡한 게 장난이 아닙니다. 사업규모도 크지 않은데 이렇게 복잡한 장부를 기장해야 하는 것인지 회의가 몰려옵니다. 장부는 사업규모와 상관없이 다 똑같이 생겼나요?

법은 생각보다 상당히 신축성도 있고, 융통성도 있습니다. 사업자라면 누구나 거래가 발생할 때마다 회계처리를 통해 장부를 작성하는 '복식부기'를 하는 것이 원칙이지만 사업 규모가 작은 영세 사업자는 좀더 쉽게 작성할 수 있는 '간편장부'를 쓰도록 되어 있습니다.

| 복식부기 |

복식부기는 회계지식이 없는 사람이 작성하기는 어려운 아주 복잡한 기장방식입니다. 따라서 웬만큼 규모가 있는 업체라면 경리부를 아예 별도의 팀으로 두어 기장작업을 할 정도입니다.

단순히 얼마를 벌고, 썼느냐의 기본적인 거래사실 뿐만 아니라 차변, 대변, 대차대조 등 복잡미묘한 회계 원리를 알아야 쓸 수 있습니다. 복식부기는 전문적 회계 지식을 갖추지 않은 사람이 쓰기는 어렵다는 정도만 알아두면 됩니다. 복식부기에 의해 기장한 장부는 5년 동안 보관해두어야 합니다.

| 간편장부 |

사업자라면 복식부기로 기장함이 원칙이지만 사업규모가 영세한 사업자들은 이러한 기장의무가 부담스럽게 느껴질 수 있기 때문에 회계지식이 없는 사람도 쉽게 장부를 작성할 수 있도록 '간편장부'가 마련되어 있습니다.

기장을 복식부기가 아닌 간편장부로 대신할 수 있는 사업자를 '간편장부 대상자'라 하며 신규로 사업을 개시한 사업자와 직전년도 수입금액의 합계액이 다음의 금액에 미달하는 사업자가 이에 해당합니다.

구분	매출액
농업, 수렵업 및 임업, 어업, 광업, 도·소매업, 부동산매매업	3억
제조업, 수박 및 음식점업, 전기·가스 및 수도사업, 건설업, 소비자 용품수리업, 운수·창고 및 통신업, 금융·보험업	1억 5천만 원
부동산임대업, 사업서비스업, 교육서비스업, 보건 및 사회 복지사업, 사회 및 개인서비스업, 가사 서비스업	7천500만 원

■ 간편 장부 서식

일자	거래 내용	거래처	수입(매출)		비용 (원가관련 매입포함)		고정자산증감 (매매)		비고
			금액	부가세	금액	부가세	금액	부가세	

　간편장부는 일반 문구점에 가시면 쉽게 구입할 수 있습니다. 또한 쉽게 작성할 수 있기 때문에 세무대행을 맡기기 부담스러운 사업자에게 권할만한 방법입니다.

| 연간 매출액이 4천800만 원 미만인 사업자는 기장 의무 면제 |

　아주 영세한 사업자는 기장을 아예 하지 않아도 불이익이 없습니다. 즉, 연간 매출액이 4천800만 원 미만이면 기장을 하지 않더라도 산출세액의 20%에 상당하는 무기장가산세의 불이익이 없습니다.

　한편 간편장부대상자가 복식부기에 의한 기장을 했을 때는 산출세액의 20%를 세액에서 공제해 줍니다.

18

영세 사업자는 장부 없이도
소득세 신고 척척

사업을 시작하고 워낙 정신이 없어 그동안 거래했던 내역을 전혀 기록해두지 못했어요. 물론 세금계산서와 영수증은 모아두었지만 1년 치를 한꺼번에 정리한다는 것은 도저히 불가능합니다. 어떻게 장부를 정리하지 않고 소득세를 신고할 수 있는 방법이 없을까요?

사업자는 원칙적으로 기장한 장부 또는 증빙서류를 보관해야 하며 이를 근거로 소득금액을 계산하게 됩니다. 하지만 장부를 작성하지 않아 지출내역을 잘 모르는 경우에도 소득세를 신고할 수 있는 길이 있습니다. 즉, 수입금액에서 일정한 산식에 의해 계산된 각종 경비를 차감하여 소득금액을 계산하는 것입니다. 이를 '추계에 의한 소득금액계산'이라 합니다. 이는 사업규모에 따라 '기준경비율'과 '단순경비율'제도로 나뉘어 각각 적용되며, 단순경비율 적용대상자에서 제외되면 기준경비율제도를 적용해야 합니다.

| 단순경비율의 적용 |

단순경비율 대상자에 해당하면 주요 경비에 대해 일체의 증빙서류를 갖출 필요가 없이 간단하게 소득금액을 계산할 수 있습니다.

소득금액 = 수입금액 × (1 − 단순경비율)

산식에서 단순경비율은 적게는 60% 가량, 많게는 95% 가량 업종에 따라 달리 적용되며 매년 그 비율을 낮춰가고 있는 추세입니다. 또한 그 기준수입금액도 매년 낮춰지고 있습니다. 즉 사업자들을 점차적으로 기준경비율제도에 적용하거나 기장을 하도록 유도하기 위한 정책이지요. 단순경비율 적용대상자는 신규로 사업을 개시한 사업자 중 해당 과세기간의 수입금액이 간편장부대상자 수입금액기준에 미달하는 사업자, 직전년도 수입금액의 합계액이 다음의 금액에 미달하는 사업자입니다.

업종 구분	수입 금액
농업,수렵업 및 임업,어업,광업, 도 · 소매업, 부동산매매업	6천만 원
제조업, 박 및 음식점업, 전기 · 가스 및 수도사업, 건설업, 소비자용품수리업, 운수 · 창고 및 통신업, 금융 · 보험업	3천6백만 원
부동산임대업, 사업서비스업, 교육서비업, 보건 및 사회 복지사업, 사회 및 개인서비스업, 가사서비스업	2천4백만 원

| 기준경비율의 적용 |

단순경비율에 해당하지 않는 사업자는 기준경비율의 적용을 받을 수 있습니다. 기준경비율에 의한 소득금액 계산방법은 다음 두 가지 방법 중 적은 금액으로 합니다.

> 1. • 간편장부 대상자의 경우 : 기준소득금액 = 수입금액 − 매입비용 − 임차료 − 인건비 − (수입금액 × 기준경비율)
> • 복식부기의무자의 경우 : 기준소득금액 = 수입금액 − 매입비용 − 임차료 − 인건비 − (수입금액×기준경비율 × 1/2)
> 2. 단순경비율에 의한 소득금액 × 배율

수입금액은 부가가치세를 신고할 때의 수입금액으로 보면 됩니다. 매입비용은 사업용 고정자산을 제외한 재화의 매입과 외주가공비 및 운송업의 운반비를 말합니다. 임차료는 사업에 직접 사용하는 건축물 및 기계장치 등 고정자산을 타인으로부터 임차하고 그 임차료를 지출하였거나 지출할 금액을 말합니다.

인건비는 종업원의 급여 · 임금 및 일용 근로자의 임금과 실지 지급한 퇴직금을 말합니다.

이러한 3가지 주요경비에 대해서는 증빙서류를 갖추어야 하는데 매입비용,

임차료에 대해서는 세금계산서, 계산서, 신용카드매출전표를 챙겨두어야 하며 인건비에 대해서는 근로소득원천징수영수증을 갖추어야 합니다.

위 산식에서 기준경비율이란 매년 국세청장이 결정하여 고시하게 되는데 현재는 대략 10%내외에서 업종마다 다르게 적용됩니다. 2번 산식에서 배율은 매년 달리 적용하고 있습니다.

| 기준경비율 및 단순경비율 적용시의 불이익 |

기준경비율과 단순경비율에 의하면 소득세를 간단하게 산출할 수 있다는 장점이 있지만 장점이 있으면 단점도 있는 법입니다. 장부를 기장하지 않을 때는 다음과 같은 불이익이 있습니다.

첫째, 위 산식에서 본바와 같이 수입보다 지출이 많더라도 이를 인정받지 못하고 세금을 납부해야 합니다.

둘째, 식부기의무자인 경우 기장하지 않은 것으로 인정되어 산출세액의 20% 가량의 가산세(무기장가산세)가 추징됩니다.

셋째, 간편장부대상자인 경우 기장을 했을 때 산출세액의 20%가량의 세액공제를 받을 수 있으나 무기장으로 인해 이런 혜택을 받을 수 없을 뿐만 아니라 산출세액의 20%가량을 가산세(무기장가산세)로 추가 납부해야 합니다. 다만 연간 수입금액이 4천800만 원 미만인 소규모사업자는 제외됩니다.

장부를 작성하지 않을 경우 무엇보다 회사의 경영상태를 제대로 파악할 수 없어 사업상 운영에 차질을 가져올 수 있습니다. 진정한 사업가라면 절세를 위한 차원에서 뿐만 아니라 향후 발전적인 사업계획을 위해서라도 기장을 하여 회사의 재정상태를 제대로 파악하고 있어야 할 것입니다.

19

홈택스로
직접 세금 신고하기

●
●
●

홈택스를 이용해 집에서도 부가가치세와 소득세를 신고
할 수 있다고 들었습니다. 처음인데 어렵지 않을까요?

홈택스란 세무서를 직접 방문하거나 우편으로 신고서를 발송하지 않고 인터넷으로 세금을 신고, 납부하는 것은 물론 민원증명을 발급받고 본인의 세무관련 정보를 실시간으로 확인할 수 있도록 도와주는 '인터넷 국세 종합서비스'입니다.

외국의 경우 인터넷을 이용한 세금 업무가 주로 전자신고에 치중되어 있습니다. 하지만 우리나라의 홈택스는 전자신고는 기본이고 전자민원, 전자고지, 납부 서비스 등 다양한 국세 업무를 모두 인터넷으로 처리할 수 있도록 구성하였습니다. 그뿐만 아니라 사업자들이 내야 하는 소득세나 부가가치세 이외에도 양도소득세, 증여세 등의 생활 세금을 편리하게 계산해주는 서비스도 시행하고 있어 여러모로 딱딱하고 어려웠던 세금 관련 업무를 쉽고 빠르게 볼 수 있습니다.

| 홈택스를 이용하려면? |

개편으로 새로워진 홈택스 (www.hometax.go.kr)를 이용하기 위해서는 회원 가입을 해야 합니다. 기존 홈택스와 전자세금계산서(e-세로), 연말 정산간소화, 현금영수증, 근로 장려세제(EITC), 공익법인공

시, 국세법령정보, 고객만족센터 8개 사이트에서 운영하던 시스템이 하나로 통합되었기 때문에, 이미 가입했다고 하더라도 통합 회원으로 가입하는 절차가 필요합니다.

공인인증서가 없다면 직접 세무서를 방문해야 하지만, 이미 있다면 온라인

으로 편하게 가입할 수 있습니다. 회원 유형은 개인(비사업자) 회원과 개인사업자 · 법인사업자 두 가지가 있습니다. '개인(비사업자) 회원가입'은 개인 및 개인사업자의 대표자의 주민등록번호를 이용한 회원가입입니다. 개인 및 대표자로 등록된 모든 사업장의 정보조회 · 세금신고 · 세금납부 업무를 이용할 수 있지만 전자세금계산서 발급업무를 이용할 수는 없습니다. 따라서 여기서는 전자세금계산서 발급업무까지 가능한 '개인사업자 · 법인사업자 회원가입' 유형을 기준으로 합니다.

| 홈택스로 부가가치세 신고하기 |

사업자등록을 하면 세금을 내야 할 일이 많습니다. 사업자가 내야 할 세금 중 하나가 부가가치세인데, 홈택스를 이용하면 편하게 신고하고 납부할 수 있습니다.

[신고/납부] 메뉴에 접속하면 화면 오른쪽 [세금신고] 하

단에 부가가치세, 원천세, 종합소득세 등의 분류로 나뉘어져 있습니다. [부가가치세]를 선택하면 일반과세자, 간이과세자별로 신고하는 메뉴가 구분되어 있습니다. 자신의 사업자 유형에 맞는 신고 버튼을 누르면 됩니다.

사업자 기본 사항을 입력하고 거래처에 발행한 세금계산서 및 매입처에서 받은 세금계산서 내역을 차례로 입력하면 됩니다.

| 홈택스로 소득세 신고하기 |

매년 5월은 소득세나 법인세를 신고하는 달입니다. 작년 1월 1일부터 12월 31일까지 번 소득을 신고하고 소득에 대한 세금을 납부해야 하는 것이지요. 세무사에게 세무 대행을 맡긴 창업자들은 크게 고민할 필요가 없지만 매출이 그다지 많지 않은 창업 초기부터 세무 대행을 맡기란 쉽지 않습니

다. 그래서 창업 후 첫 해는 세무 대행을 의뢰하지 않고 직접 세무나 회계를 관리해 소득세도 직접 신고하는 경우가 많습니다.

종합소득세는 크게 '단일소득-단순경비율 추계신고서'와 '일반신고서' 두 가지 유형이 준비되어 있습니다. 단일소득-단순경비율 추계신고서는 소득이 많지 않아 장부를 쓰지 않아도 일정 금액을 경비를 인정받을 수 있는 사업자들이 이용할 수 있습니다. 따라서 사업을 시작하고 처음 소득세를 내는 사업자는 이 신고서를 이용합니다. 처음 사업을 시작한 사업자가 아니라도 연매출이 4천800만 원 이하면 단일소득-단순경비율 추계신고서로 신고하면 됩니다. 연 4천800만 원이 넘어도 간편장부 대상자는 단일소득-단순경비율 추계신고서로 신고할 수 있습니다. 다만 기장을 하지 않았기에 무기장가산세를 내야 합니다.

소득세 납부 과정은 홈택스 개편이 완료된 이후, 제우미디어 홈페이지(www.jeumedia.com)에서 확인하실 수 있습니다.

SECTION 05

핵심 절세 포인트

신용카드(현금영수증) 가맹점에
가입하면 세금을 줄일 수 있다고?

·
·
·

고객들이 신용카드로 결제할 수 있도록 카드가맹점에 가입하면 수수료를 부담하게 되어 대부분의 소매업자들은 현금을 받고 물건을 파는 것을 좋아하지 않나요? 적어도 카드가맹점에 가입했을 때 수수료를 무는 대신 분명한 다른 이익이 있는지는 정확히 알고 싶습니다.

사업자들이 현금 거래를 좋아하는 이유는 뭘까요?

바로 현금이 손에 들어오기 때문에 자금 회전이 빨라서?

현금매출은 마음만 먹으면 얼마든지 감출 수 있기 때문에?

두 가지 다 맞는 이야기입니다. 분명 탈세 행위지만 실제로 많은 사업자들이 부가가치세를 신고할 때 현금매출을 종종 누락시키곤 합니다. 이러한 현금매출 누락을 방지하기 위해 정부는 신용카드로 결제하고 신용카드매출전표를 발행하는 업체에게 세금을 깎아주는 혜택을 주고 있습니다. 이는 신용카드매출전표에만 국한되지 않고 현금영수증을 발행하더라도 똑같이 적용됩니다.

한편, 인터넷쇼핑몰을 운영하는 사업자는 대개 결제대행업체를 통한 거래로 결제대행업체의 명의로 신용카드매출전표가 발행됩니다. 이 또한 똑같이 적용됩니다.

| 신용카드매출전표를 발행하면 부가가치세를 깎아준다 |

주로 최종 소비자에게 재화 또는 용역을 공급하는 사업자가 그 공급에 대한 대가를 현금 대신 신용카드로 결제하고 신용카드매출전표를 발행, 교부하면 거래한 흔적이 선명하게 남습니다. 과세관청은 간단하게 금융기관에서 신용정보를 제공받아 과세자료로 이용할 수 있습니다. 따라서 부가가치세를 신고할 때 신용카드매출전표 발행금액을 누락시키면 어김없이 누락금액에 대해 세금을 추징하게 됩니다.

이것만 보면 신용카드매출전표를 발행하는 것이 사업자에게는 큰 도움이 안 된다고 생각할 수도 있습니다. 하지만 말 잘 듣고, 법을 잘 준수하는 모범생에게는 언제나 그 대가가 따르는 법입니다.

부가가치세가 과세되는 재화 또는 용역을 공급하고 신용카드매출전표를 발행하거나 전자적 결제수단에 의해 대금을 결제받는 경우에는 일정금액을 부가가치세 납부세액에서 빼줍니다. 신용카드매출전표 발행을 이용해 세액을 공제받으려면 부가가치세를 신고할 때 '신용카드매출전표 발행금액 등 집계표'를 작성해 제출해야 합니다.

| 법인이 아닌 개인 사업자가 대상 |

신용카드매출전표를 발행해 절세를 할 수 있는 사업자는 법인이 아닌 일반과세자 중 다음과 같은 사업을 하는 사업자와 간이과세자입니다. 따라서 법인은 최종 소비자를 대상으로 재화 또는 용역을 제공한다고 해서 혜택을 받을 수 없습니다.

> - 소매업, 음식점업, 숙박업
> - 목욕, 이발, 미용업
> - 여객운송업, 입장권을 발행하는 사업
> - 변호사업 등 전문인적 용역
> - 도정업, 제분업 중 떡방앗간, 양복점업, 양장점업, 양화점업
> - 주거용 건물공급업
> - 운수업 및 주차장운영업, 부동산중개업
> - 사회서비스업, 개인서비스업 및 가사서비스업
> - 기타 위와 유사한 사업이거나 세금계산서 교부가 불가능하거나 현저히 곤란한 사업

| 세금이 얼마나 깎일까? |

신용카드매출전표발행금액(부가가치세를 포함한 금액) 등의 1%(2023년까지 1.3%)에 상당하는 금액을 납부세액에서 공제합니다. 다만 납부세액을 초과하는 금액은 없는 것으로 보아 환급받을 수 없습니다. 예를 들어 신용카드매출전표를 발행한 총 금액이 1억이라면 1.3%에 해당하는 130만 원을 납부해야 할 세

액에서 빼게 됩니다. 130만 원을 빼기 전에 납부할 세액이 60만 원이라면 60만 원만 차감하여 최종적으로 납부할 세금은 0원이 되는 것이지요. 단 깎아주는 세금 한도액은 1년간 총 500만 원을 넘을 수 없습니다.

02

때로는 신용카드매출전표 (현금영수증)가 세금계산서나 마찬가지?

•
•
•

5만 원, 10만 원 등 금액이 크지 않은 경우 일일이 세금계 산서를 요청하는 것이 민망합니다. 또 10만 원짜리를 구입하면서 당장 부가 세로 1만 원을 더 내야 한다는 것도 솔직히 부담스럽고요. 금액은 적어도 분명 사업을 위한 매입인데, 부가가치세를 신고할 때 활용할 수 있는 방법이 없을 까요?

신용카드매출전표는 부가가치세법상 영수증으로 봅니다. 즉, 신용카드 매출전표를 교부받은 사업자는 부가가치세를 신고할 때 매입세액을 공제 받을 수 없습니다. 하지만 일정한 조건을 갖추어 신용카드매출전표를 받으면 세금계산서와 같이 매입세액을 공제받을 수 있습니다. 따라서 사업과 관련된 지출을 신용카드로 결제할 때는 꼭 다음과 같은 사항을 주의하면서 신용카드매출전표를 받아야 합니다. 부가가치세를 신고할 때는 신용카드매출전표 수취명세서를 반드시 첨부해야 매입세액 공제를 받을 수 있습니다. 이는 현금영수증에 대해서도 똑같이 적용됩니다.

신용카드매출전표 발행자가 일반과세자인지 확인

일반과세자가 아닌 간이과세자로부터 신용카드매출전표를 교부받은 경우 매입세액 공제가 허용되지 않습니다. 따라서 신용카드 가맹점이 일반과세자인 지를 반드시 확인해야 합니다.

신용카드매출전표로 매입세액공제 가능

신용카드매출전표를 받을 때 부가가치세가 별도로 구분기재 된 신용카드매출전표를 교부받으면 매입세액공제가 가능합니다.

접대비 등에 사용한 금액은 매입세액 공제 불가

사업과 관련된 지출이라도 접대비, 트럭이 아닌 승용차에 소비된 휘발유 등 일정한 부분에 대해서는 매입세액 공제를 받을 수 없습니다. 이는 세금계산서를 요건에 맞게 받았다 해도 매입세액공제가 불가능합니다.

03

필수 4대 보험을
최대한 적게 내려면?

●
●
●

직원들 보험료가 생각보다 만만치가 않습니다. 가장 기본적인 보험이고, 직원들의 복지를 조금이라도 보장해줄 수 있는 보험이라 꼭 내야 된다고는 생각하는데, 보험의 혜택은 그대로 유지하면서 조금이라도 보험료를 줄일 수 있는 방법은 없을까요?

직 원들을 고용했을 때 꼭 들어야 하는 보험으로는 국민연금, 국민건강보험, 고용보험, 산재보험 등이 있습니다. 보험료는 보통 직원과 회사가 반반씩 부담하도록 되어 있기 때문에 직원을 하나 더 고용하면 그만큼 보험료 지출도 많아집니다.

하지만 꼭 필요한 보험을 유지하면서 보험료를 적게 낼 수 있는 방법이 있습니다. 작은 부분이지만 적극적으로 활용하면 합리적으로 절세를 할 수 있습니다. 보험료를 적게 내는 방법은 다음 세 가지입니다.

첫째, 최초로 사업장가입 신고를 할 때 평균 월 예상소득을 가급적 낮게 신고한다

최초로 사업장가입 신고를 하여 4대 보험에 가입하면 신고한 예상 월 급여에 의해 보험료가 산정됩니다. 다음연도에는 이전연도에 세무서에 신고 된 자료를 근거로 보험료를 납부하게 됩니다. 국민연금의 경우에 최초 가입연도에 납부한 연금은 다음연도에 실지소득과 비교해 연말정산과정을 거치지 않고 납부의무가 종결됩니다. 이런 보험료 산정방법을 잘 이해해 최초로 월 예상소득을 신고할 때 가능한 낮게 신고하면 그만큼 국민연금을 줄일 수 있습니다.

둘째, 자격취득신고와 자격상실신고를 신속하게 한다

직원이 입사하거나 퇴사할 때는 국민연금은 다음달 15일까지, 다른 보험들은 입사, 퇴사한지 14일내에 자격취득신고 또는 자격상실신고를 하도록 되어 있습니다. 만약 직원이 퇴사했는데도 신고를 제 때 하지 않는다면 내지 않아도 될 보험료를 쓸데없이 내게 됩니다. 실제로 이런 일은 자주 일어납니다. 신고기한을 잘 지키는 것이 보험료를 아끼는 기본방법입니다.

셋째, 보험료가 적게 나올 수 있도록 급여 대장을 작성한다

직원 급여 구성을 어떻게 하느냐에 따라 보험료가 얼마든지 달라질 수 있습니다. 보험료는 표준보수월액에 보험료율을 곱하여 산출됩니다. 이러한 보험료 산정기준에서 보수란 봉급, 급료, 상여, 수당 등을 말합니다.

급여로 지급하더라도 보수가 아닌 형태로 지급할 수 있는 것들이 제법 있습니다. 예를 들어 본인의 학자금, 식대(월 10만 원 이하), 자가운전보조금(월 20만 원까지) 등은 보수에서 제외됩니다.

이러한 항목들은 사업주에게는 인건비인 비용으로 처리할 수 있으며, 해당 근로자는 소득세가 비과세 되는 항목이기 때문에 사업주는 보험료를 줄일 수 있는 수단이 될 뿐만 아니라 근로자는 소득세를 절세할 수 있습니다. 사업자와 근로자 모두에게 혜택이 되는 방법이므로 급여대장을 작성할 때 이러한 내용을 잘 반영하는 것이 좋습니다.

예를 들어 볼까요? 갑과 을에게 동일하게 월 급여 150만 원을 지급한다고 가정합시다. 또한 갑의 월급은 식대 5만 원, 운전보조금 20만 원, 급여 125만 원으로 구성되어 있고 을의 월급은 150만 원 전부가 순수급여로만 구성되어 있다고 가정합니다.

이에 갑과 을의 국민연금과 건강보험료 납부액을 비교하면 다음과 같습니다 (국민연금과 건강보험료의 요율은 각각 9%, 6.07%로 가정).

갑의 보험료

실제 받는 금액은 같아도 갑은 식대 5만 원, 운전보조금 20만 원을 뺀 125만 원에 대해서 국민연금과 건강보험료가 책정됩니다. 국민연금은 125만 원 × 9% = 112,500원, 건강보험료는 125만원 × 6.07% = 75,870원입니다. 따라서 국민연금과 건강보험료 납부액을 더하면 188,370원이 됩니다.

을의 보험료

그렇다면 150만 원 전부가 순수 급여인 을의 보험료는 얼마나 될까요? 국민연금은 150만 원 × 9% = 135,000원이 되고 건강보험료는 150만 원 × 6.07% = 91,050원이 됩니다. 따라서 을의 국민연금과 건강보험료 합계액은 226,050원이 되는 것입니다.

이처럼 똑같은 금액을 지불하더라도 보수가 아닌 형태로 지급하면 국민연금과 건강보험료를 줄일 수 있습니다.

■ 갑과 을의 보험료 차이

	갑	을
월급 내역	식대 5만 원, 운전보조금 20만 원, 급여 125만 원	급여 150만 원
국민연금	112,500원	135,000원
건강보험료	75,870원	91,050원

비용으로 인정되는 것을 잘 알아두면
법인세, 소득세 절세

영수증을 잘 모아두면 소득세를 덜 낸다는 말을 철썩같이 믿고 하다못해 2천 원어치 복사용지를 산 영수증까지 다 모아놓았습니다. 그런데 막상 소득세를 신고하려고 영수증을 보면서 비용 처리를 하는데, 비용으로 인정받을 수 없는 것이 제법 있다네요. 도대체 비용으로 인정받을 수 있고 없고의 기준이 뭡니까?

법인세와 소득세는 총 벌어들인 것에서 총 쓴 비용을 제외한 순소득에 대해 매기는 세금입니다. 이 세금을 줄이기 위해서는 총수입을 줄이거나 총비용을 늘려야 하는데 총수입을 줄인다는 것은 매출누락을 의미합니다. 정당하지 못한 방법이지요.

결국 합법적으로 세금을 줄이려면 총비용을 늘려야 합니다. 새내기 창업자의 경우 이 비용을 제대로 이해하지 못하는 경우가 많습니다. 법으로 인정해주는 비용이 무엇인지 확실히 알아두면 실제로 비용으로 지출하고도 인정받지 못하는 우를 범하지 않을 것입니다.

| 복리후생비 |

직원의 식대, 직원의 야유회비, 회식비, 사용자가 부담하는 건강보험료 및 고용보험료, 임직원의 경조사비 등은 비용으로 인정받을 수 있습니다. 직원에게 식대를 현금으로 지급하면 월 10만 원 이하 금액에 대해서는 직원의 비과세 대상 근로소득에 해당됩니다.

| 접대비 |

접대비란 접대·향응·사례 등으로 법인의 업무와 관련하여 지출된 금액을 말합니다. 접대비를 지출하면 소득세를 계산할 때 비용으로 처리할 수는 있으나 세금계산서 또는 신용카드매출전표이면확인분을 받았더라도 부가가치세를 신고할 때 매입세액공제를 받을 수는 없다는 것에 유의해야 합니다.

또한 접대비가 1만 원이 넘어가면 꼭 신용카드로 결제하거나 세금계산서나 계산서를 받아두어야 비용으로 인정받을 수 있습니다. 한편 법인사업자는 건당 50만 원 이상의 접대비를 지출할 경우에는 증빙서류 여백에 접대자, 접대받는 자, 접대목적을 간략하게 기재하여 보관해야 했으나 2009년부터 이런 제도가 폐지되었습니다.

간혹 세금을 줄이기 위해 고의적으로 일부 접대비 명목으로 신용카드로 결제하는 경우가 있는데, 사용내역이 국세청 전산망을 통해 시간대별·사용자별·업소별로 파악·분석되므로 주의해야 합니다.

| 인건비 |

개인기업의 사업주에 대한 급여는 비용처리가 불가능하며 공동사업자의 경우도 마찬가지입니다. 그러나 그 사업주의 배우자 또는 가족 등이 그 사업에 직접 종사하고 이들에게 급여를 지급하는 경우에는 이를 인건비로 비용처리를 할 수 있습니다.

사업주는 종업원의 급여에 대해 매달 원천징수하여 납부할 의무가 있는데 일용직 종업원에게 일당 10만 원 이하의 금액을 지급한다면 원천징수하여 납부할 세액은 없음에 유의해야 합니다.

퇴직급여는 퇴직할 때 지급하는 퇴직금에 의해 비용처리가 되기도 하나 충당금을 설정하여 미리 비용으로 인식할 수 있습니다. 즉, 나중에 퇴사할 때 퇴직금의 지급과 더불어 인건비로 처리하는 대신 퇴사 이전에 정해진 기준에 의해 일정액을 퇴직급여로 인식할 수 있는 것이지요.

| 이자비용 |

사업자가 타인으로부터 차입금을 조달하여 사업을 영위하게 되는 경우 이와 관련된 이자지출은 비용으로 인정됩니다. 개인 사업자의 경우 법인에 비해 통장관리 등의 자금관리를 소홀히 할 수 있기에 이를 꼼꼼하게 챙겨야 합니다.

채권자가 불분명한 차입금의 이자에 대해서는 비용으로 인정받을 수 없습니다. 다만 지급일 현재 주민등록표에 의하여 그 거주사실 등이 확인된 채권자가 차입금을 변제받은 후 소재불분명이 된 경우는 이자비용으로 인정됩니다. 이자를 비용으로 인정받을 수 없는 경우는 다음과 같습니다.

> – 채권자의 주소 및 성명을 확인할 수 없는 차입금
> – 채권자의 능력 및 자산상태로 보아 금전을 대여한 것으로 인정할 수 없는 차입금
> – 채권자와의 금전거래사실 및 거래내용이 불분명한 차입금

이와 같은 규정을 만든 이유는 이자를 비용으로 인정해준다는 점을 이용해 가상으로 거짓 채무를 만들어놓고 소득금액을 줄이는 행위를 방지하고 사채시장을 양성화하기 위해서입니다. 일부 법인에서는 이러한 불이익을 당하지 않기 위해 대표이사가 사채를 직접 차입하고 법인에게 대여하는 형식을 취하기도 합니다.

| 기부금 |

기부금이란 타인에게 사업과 직접 관계없이 무상으로 지출하는 재산적 증여가액을 말합니다. 기부를 받는 타인이 특수관계자에 해당되면 부당행위계산의 부인이 적용되어 이를 비용으로 인정받지 못합니다. 또한 접대비와는 무상적 지출이란 점에서 같으나 사업과 직접 관계가 없다는 점에서 차이가 있습니다.

기부금은 사업과 직접 관련이 없는 지출이지만 공익성을 고려하여 일정 범위내에서 비용으로 인정하고 있습니다. 어디에 기부하느냐에 따라 법정기부금, 특례기부금, 지정기부금, 비지정기부금으로 분류되며 이에 따라 비용으로 인정될 수 있는 한도가 각각 달리 적용됩니다. 즉, 법정기부금은 주로 국가·지방단체에 대한 기부금으로서 100% 전액 비용으로 인정되며, 특례 및 지정기부금은 일정한 공익단체에 대한 기부금으로서 일정한도액이 있으며 그 외의

기부금은 비지정기부금으로서 전액 비용이 인정되지 않습니다.

| 감가상각비 |

감가상각비란 감가상각자산에 대해 취득했을 때 지출금액 전액을 한꺼번에 비용으로 인식하지 않고 그 자산의 내용연수동안 비용을 인식하기 위한 계정 입니다. 자세한 내용은 '258쪽. 감가상각을 잘 활용하는 것만으로도 절세 가능' 을 참조하기 바랍니다.

| 대손상각비 |

대손상각비란 외상매출로 인한 매출채권이 거래상대방의 파산 또는 부도 등 으로 외상대금을 회수할 수가 없게 된 경우 이를 비용으로 인식하는 계정입니 다. 그러나 외상대금의 회수불능이 확정되기 전에 회수가능성을 미리 판단하 여 외상매출금의 일부금액을 비용으로 인식할 수 있습니다. 이렇게 대손상각 비를 인식할 수 있는 금액은 세법에 의해 일정한 한도가 있으며 또한 외상매출 금에 대해서 뿐만 아니라 타인에게 대여한 금액 등 기타채권에 대해서도 적용 할 수 있습니다.

| 제세공과금 |

제세공과금이란 조세, 공과금, 벌금 등을 말하는데 사업과 관련하여 재산세, 종합토지세, 자동차세, 인지세 등은 비용으로 인정되나 법인세 및 종합소득세 와 소득할 주민세는 비용으로 인정되지 않습니다. 또한 국가 또는 공공단체가 부과하는 공과금인 전기요금, 수도요금, 가스요금 등은 비용으로 인정받을 수 있습니다.

05

순소득 규모가 커지면 개인보다
법인기업이 더 유리

개인 사업자로 창업을 한지 2년이 지났습니다. 다행히 사업이 순조로워 매년 200%씩 매출이 신장되고 있고, 순수익도 첫해는 3천만 원이었지만 그 다음해는 거의 1억 원에 가까운 수익을 올렸습니다. 많이 번 것은 행복한 일이지만 세금 걱정이 앞서는군요. 수익이 이 정도면 개인 사업자가 유리한가요? 법인사업자가 유리한가요?

개인 사업자가 내는 소득세나 법인이 내는 법인세는 모두 일정 금액 이상 수익을 올리면 그만큼 세금을 많이 냅니다. 다만 개인 사업자의 경우 5단계에 거쳐 세금 비율이 높아지는 반면 법인은 2억 원을 기준으로 세금 비율이 달라집니다.

그렇다면 일정 규모 이상으로 순이익이 늘었을 때 개인과 법인 둘 중 누가 더 세금을 적게 내는 가를 알기 위해 구체적으로 계산을 해볼까요? 동일인 1인이 주주이자 대표이사인 법인기업과 개인기업이 각각 동일하게 2억 원의 순소득을 벌었다는 가정 하에 세액을 계산해보겠습니다.

| 법인기업의 세액계산 |

법인기업의 경우 사업주인 대표이사에게 지급한 급여는 인건비로 비용처리할 수 있습니다. 대표이사는 이에 대해 근로소득이 생긴 셈이지요. 따라서 대표이사에게 1억 원의 연봉을 지급했다고 가정하면 법인은 법인세가, 대표이사에게는 소득세가 부과됩니다.

| 법인세는 얼마? |

과세표준은 순소득 2억 원에서 인건비 1억 원을 차감한 1억 원이 됩니다. 법인 세액은 2억 원 이하는 과세표준금액의 9%를, 2억 원이 넘으면 2천만 원 + 2억 원을 초과하는 금액의 19%가 됩니다.

> 산출세액 = 1억 원 × 9% = 900만 원

| 대표이사의 소득세는 얼마? |

대표이사의 소득은 근로소득으로서 종합소득세율을 적용하면 다음과 같습니다.

> 산출세액 = 1천400만 원 × 6% + 3천6백만 원 × 15% + 3천8백만 원×24% + 1천2백만 원 × 35% = 19,560,000원(모든 소득공제가 0인 것으로 가정)

동일인 1인이 주주이자 대표이사이니 법인세와 소득세를 모두 내야 합니다. 따라서 총 납부세액은 28,560,000원입니다.

| 개인기업의 세액계산 |

개인기업의 경우 사업주에게 급여를 지급하더라도 이는 비용으로 인정되지 않으므로 순소득 2억 원에 대해 세율을 적용하게 됩니다. 따라서 산출세액은 다음과 같습니다.

> 3천706만 원 + 5천만 원 × 38% = 5천606만 원

결국 법인의 경우 법인세와 소득세를 합쳐 2천856만 원을, 개인사업자일 경우 5천606만 원을 소득세로 내게 됩니다. 법인일 경우 세금이 개인 사업자에 비해 절반밖에 안 된다는 것을 확인할 수 있습니다. 또한 법인일 경우 대표이사에게 급여로 얼마를 지불하느냐에 따라 세금은 또 달라질 수 있으니 이를 잘 활용하면 절세를 효율적으로 할 수 있습니다.

06

음식점을 할 때 농수산물 구입 비용을 공제받을 수 있나?

●
●
●

Q 음식점을 운영하고 있습니다. 부가가치세를 신고할 때 매입세액공제는 세금계산서에 의한 것만 가능한 것으로 알고 있습니다. 하지만 음식 재료들을 살 때 세금계산서를 받기가 현실적으로는 쉽지 않습니다. 그래도 분명 음식점을 하기 위해 꼭 필요한 매입인데 세금을 공제할 방법이 없을까요?

음식점을 할 때도 세금계산서 없이 계산서만으로도 부가가치세를 신고할 때 매입공제를 받을 수 있는 길이 있습니다. 음식을 만들기 위해 구입한 농수산물 비용을 어느 정도 매입공제세액으로 인정해주는데, 이러한 공제를 '의제매입세액공제'라고 합니다. 다만 의제매입세액공제를 받으려면 다음과 같은 사항을 주의해야 합니다.

| 공제대상자는 과세사업자라야 한다 |

공제대상자는 과세사업자라야 합니다. 일반과세자는 업종과 상관없이 혜택을 받을 수 있지만 간이과세자는 음식점업에 한하여 공제받을 수 있습니다.

| 구입한 물품이 면세 농산물이어야 한다 |

의제매입세액의 공제대상은 다음과 같이 정해져 있습니다.

> – 미가공식료품 : 먹을 수 있는 농·축·수·임산물로서 원생산물의 본래의 성질이 변하지 않는 정도의 1차 가공을 거친 것
> – 김치·두부 등 단순 가공식료품
> – 미가공식료품을 단순히 혼합한 것. 예를 들면 혼합 샐러드 재료로 여러 야채를 한꺼번에 팩에 넣어 놓은 것
> – 소금

| 과세 재화 용역의 원재료로 사용해야 한다 |

의제매입세액공제는 면세농산물 등을 과세재화·용역의 원재료로 사용·소비되는 경우에만 적용됩니다. 만약 면세농산물 등을 그대로 공급하게 된다면 세액공제를 받을 수 없으며 이미 공제를 받은 상태라면 공제한 금액을 추후 납

부세액에 가산해야 합니다.

| 의제매입세액의 공제액은 얼마? |

공제받을 수 있는 금액은 면세농산물 등의 가액에 2/102 상당하는 금액이며 다만, 음식점업을 영위하는 사업자는 8/108를 적용합니다.

이러한 공제를 받기 위해서는 부가가치세를 신고할 때 공급받은 사실을 증명하는 매입처별계산서합계표 또는 신용카드매출전표 수취명세서를 제출해야 합니다.

07

감가상각을 잘 활용하는 것만으로
절세 가능

●
●
●

요즘 금리가 싸서 매달 비싼 사무실 임대료를 내는 것보다 아예 작은 오피스텔을 구입하는 것이 오히려 이득일 것 같아 하나 구입했습니다. 이럴 경우 오피스텔 구입비를 어떻게 처리하는 것이 가장 세금 혜택을 많이 보게 될까요?

사업장으로 사용하기 위해 건물을 매입한다든지 기계장치 등의 사업설비를 구입하면 이에 관련된 부가가치세는 매입세액공제를 받을 수 있습니다. 하지만 법인세 또는 소득세를 신고할 때는 지출 금액을 그 과세기간에 모두 비용으로 처리할 수 없고 그 자산의 내용연수에 걸쳐 비용으로 인식하게 됩니다. 이와 같이 건물, 기계장치 등에 대해 구입 즉시 비용으로 인식하지 않고 내용연수에 걸쳐 비용을 인식하는 것을 '감가상각'이라 하며, 이러한 자산을 감가상각자산이라 합니다. 또한 이러한 비용을 감가상각비라 합니다.

'내용연수'란 감가상각자산이 사용되는 연수이며 이는 자산별로 세법에 정해져 있습니다.

내용연수동안 비용을 인식하는 방법은 여러 가지 있으나 세법에서는 정액법과 정률법이 인정되고 있습니다. 정액법은 내용연수 동안 매년 동일한 금액을 감가상각비로 인식하고 정률법은 초기에는 비용을 많이 인식하나 내용연수말기로 갈수록 적게 인식합니다.

| 일반적으로 정률법 선호 |

감가상각자산을 구입하면 법인세 또는 종합소득세를 신고할 때 내용연수와 감가상각방법을 신고하게 되며 이에 따라 감가상각비의 한도가 정해집니다. 감가상각비는 장부에 비용으로 기록되어 있어야만 이를 세법상 비용으로 인정받을 수 있으며 정해진 한도금액보다 임의로 비용을 과대기록하게 되면 그 초과금액은 비용으로 인정되지 않습니다. 반대로 정해진 금액보다 적은 금액을 장부에 기록하면 그 금액만큼만 비용으로 인정되며 부족분은 추후 연도에 감가상각비의 한도증가로 연결됩니다.

이와 같은 내용을 잘 이해하고 있으면 감가상각비를 통해 세금을 임의로 조정할 수 있습니다. 즉, 수익이 적어 감가상각비를 기록하지 않으면 추후에 그만큼 감가상각비를 추가로 장부에 기록하여 비용으로 인정받을 수 있습니다.

　내용연수가 5년인 기계장치를 정액법, 정률법을 기준으로 매년 감가상각비
가 어떻게 달라지는지 표로 정리해놓았습니다. 구입가격은 1천만 원으로 가정
합니다.

구분	정액법 적용 시	정률법 적용 시
1차년도	200만 원	451만 원
2차년도	200만 원	247만 5천 990원
3차년도	200만 원	135만 9천 310원
4차년도	200만 원	74만 6천 260원
5차년도	200만 원	90만 8천 440원
합계	1천만 원	1천만 원

　소득금액을 계산할 때 감가상각비의 영향이 크게 좌우한다면 정액법으로 할
지 정률법으로 할지를 신중하게 고려해 신고해야 합니다. 한번 방법을 정하면
이후에도 계속해서 같은 방법을 적용하기 때문입니다. 다만 감가상각방법을
따로 신고하지 않으면 정률법으로 신고한 것으로 간주하며, 건축물에 대해서
는 정액법만 적용할 수 있습니다.

| 내용연수를 단축시켜 신고 가능 |

내용연수는 사업자가 임의로 신고할 수 있는 게 아니라 자산별로 세법에 정한 기준내용연수를 준수해야 합니다. 하지만 내용연수를 신고할 때 기준내용연수의 25%에 상당하는 연수를 가감한 내용연수범위 안에서 사업자가 선택적으로 적용할 수 있습니다.

예를 들어 기계장치의 기준내용연수가 12년이라고 가정하면 9~15년 중 사업자가 임의로 선택하여 신고하면 그 신고한 연수를 내용연수로 하여 감가상각비를 계산할 수 있습니다. 따라서 9년을 신고하면 초기에 보다 많은 비용을 인식할 수 있습니다.

개인 사업자라면 내용연수를 단축하여 신고할 필요가 있습니다. 왜냐하면 개인 사업자인 경우 고정자산을 처분해 손실이 발생해도 이를 비용으로 인정받을 수 없기 때문입니다. 즉 감가상각기간인 내용연수가 지나기도 전이어서 아직 감가상각 혜택을 받지 못했더라도 이를 구제받을 길이 없습니다.

법인이 아닌 개인 사업자가 기준내용연수가 5년인 고정자산을 1억 원에 구입하고 3년이 지나서 이를 처분한다고 가정할 경우 내용연수와 상각방법에 따라 비용을 인식할 수 있는 흐름을 살펴보면 다음과 같습니다.

구분	정액법, 내용연수 5년 신고 시	정률법, 내용연수 4년 적용 시
1차년도	2천만 원	5천280만 원
2차년도	2천만 원	2천492만 1천 6백 원
3차년도	2천만 원	1천176만 3천 원
합계	6천만 원	8천948만 4천 6백 원

위 도표에서 보는 바와 같이 미상각잔액은 영원이 비용으로 인식할 수 없으며 신고방법에 따라 3개년 동안 2천948만 4천 6백 원의 비용인식차이가 발생합니다. 이는 개인 사업자이기에 가능한 것이며 법인이라면 처분할 때 손익을 인식하기 때문에 미상각분에 대해서도 전부 비용으로 처리할 수 있습니다.

사업자가 다른 사업자로부터 중고자산을 취득하게 되는 경우에는 기준내용연수의 50%에 상당하는 연수로 단축하여 신고할 수 있습니다. 중고자산이란 기준내용연수의 50% 이상이 경과된 자산을 의미합니다.

08

각종 세액공제를 놓치지 않고
활용하는 것도 절세 포인트

．
．
．

친구와 비슷한 시기에 같은 종류의 사업을 시작했습니다. 수입도 지출도 얼추 비슷하고, 순수익도 거의 비슷한데, 정작 소득세를 신고하니 저는 몇 십만 원을 더 내야 하는데, 그 친구는 오히려 돈을 돌려받았네요. 친구가 무슨 마술이라도 부린 것일까요?

법인세 및 소득세의 최종납부세액은 세율을 적용하여 나오는 산출세액에서 각종 세액공제나 세액감면에 해당하는 금액을 차감하여 결정됩니다. 세액공제는 세금에 대한 우대 조치로서 세율이 적용되기 전의 소득금액에서 차감되는 것이 아니라 세금에서 직접 차감하는 제도이므로 보다 절세효과가 큽니다. 아마도 친구 분은 이런 세액공제 내용을 잘 이해하고 있는 것 같습니다. 이러한 세액공제는 다양한데, 그 중 중요한 것만 간추려 설명하면 다음과 같습니다.

| 간편장부 대상자가 기장한 경우에는 최대 100만 원까지 공제 |

간편장부 대상자가 복식부기에 의한 장부를 작성하고 이에 의해 종합소득세를 신고하면 산출세액의 20%에 상당하는 금액을 빼줍니다. 차감하는 금액의 한도는 100만 원까지입니다.

| 재해가 났을 때의 세액공제 |

사업자가 재해로 인해 자산(토지 제외)총액의 20% 이상을 상실한 경우 산출세액에 대해 재해상실비율 만큼의 금액을 차감하여 세금을 납부합니다. 재해상실비율이란 '상실재산가액/상실 전 자산가액'을 말합니다.

| 중소기업에 대한 투자 세액공제 |

중소기업을 운영하는 사업자가 사업용 자산, 판매시점 정보관리 시스템설비, 정보보호시스템설비를 취득한 경우에 투자한 금액의 100분의 3에 상당하는 금액을 세액에서 차감합니다.

| 연구 및 인력개발에 대해 지출한 비용 세액 공제 가능 |

당해 발생한 연구 및 인력개발비가 그 이전 4개년도 동안 발생한 연평균 연구 및 인력개발비를 초과하는 경우 그 초과하는 금액의 50%에 상당하는 금액을 산출세액에서 차감해 납부합니다. 다만, 당해 발생한 연구 및 인력개발비의 25%에 상당하는 금액과 비교하여 큰 금액을 차감할 수 있습니다.

09

간이과세자로 전환돼 부가가치세를
토해내지 않으려면?

●
●
●

분명 일반과세자로 등록했는데, 저도 모르는 사이에 저절
로 간이과세자로 바뀌었습니다. 게다가 간이과세자로 바뀌면서 지난해
환급받았던 세금을 다시 토해내야 한다네요. 도무지 뭐가 어떻게 된 것인지
알 수가 없습니다.

'Section 01 창업의 시작, 사업자등록'편에서도 잠깐 소개를 했지만 처음에는 일반과세자로 사업자등록을 했지만 전년도 부가가치세 신고실적을 기준으로 1년 총수입이 4천800만 원 미만이면 간이과세자로 전환됩니다. 별도의 통보도 없이 자동으로 전환됩니다. 이때 생기는 불이익과 대처방법을 소개합니다.

| 간이과세자가 토해내야 하는 세금은 어떻게 계산될까? |

일반과세자가 간이과세자로 변경되면 변경일 현재 존재하는 재고품 및 감가상각자산에 대해 매입세액을 이미 공제받았을 경우 공제받은 금액을 납부세액에 가산해 납부해야 합니다. 이러한 납부세액을 재고납부세액이라 하는데 그 금액은 다음과 같습니다.

재고품의 경우 : 재고금액 × 10/100 × (1 − 당해업종의 부가가치율)
감가상각자산의 경우 : 취득가액 × (1 − 감가율 × 경과된 과세기간 수) × 10/100
× (1 − 당해 업종의 부가가치율)

감가율이란 건축물인 경우 5%, 기타의 감가상각자산의 경우에는 25%를 적용합니다. 따라서 건축물의 경우는 취득 후 10년, 기타의 감가상각자산은 2년이 지나면 납부세액이 없습니다.

이해를 돕기 위해 2016년 8월 1일 의류 소매업으로서 일반과세자로 등록하고 사업을 개시한 김사장 예를 들어봅시다.

사업을 시작한 2016년 8월 1일부터 같은해 12월 31일까지의 매출은 1천500만 원에 머물렀습니다. 따라서 김사장의 2016년 연간 매출액은 1천500만 원 × 12개월/5개월 = 3천600만 원이 되는데, 이는 4천800만 원에 미달되기 때문에 과세 다음 기간, 즉 2017년 7월 1일부터 2017년 12월 31에 대한 과세유형이 간이과세자로 바뀝니다.

2017년 7월 1일 현재 사업장에 존재하는 재고는 의류품목 1천만 원(부가가치세 제외)인데 이는 전액 세금계산서를 받았으며, 이중 400만 원에 해당하는 의류는 2017년 1월 25일 부가가치세를 신고할 때 매입세액공제를 받았고, 나머지 600만 원에 해당하는 의류는 2017년 1월 이후 매입해 아직 매입세액공제를 받지 못한 상태입니다.

또한 2016년 9월 중에 에어컨을 200만 원에 구입하고 20만 원의 매입세액을 공제받았습니다. 이러한 재고품 등은 2016년 상반기 실적에 대한 부가가치세신고와 함께 관할세무서에 신고해야 하며 신고를 받은 세무서는 이를 조사하여 승인하게 됩니다. 김사장이 간이과세자로 변경되면서 납부해야 할 재고납부세액은 다음과 같습니다.

의류에 대한 납부세액 : 400만 원 × 10/100 × (1 − 0.15) = 34만 원
※ 소매업에 대한 부가가치율은 15%임

에어컨에 대한 납부세액 : 200만 원 × (1 − 0.25 × 2) × 10/100 × (1 − 0.15)
　　　　　　　　　　　　　= 8만 5천 원
※ 에어컨의 감가율은 25%이며 취득이후 경과된 과세기간의 수는 2가 됨

따라서 재고납부세액은 42만 5천 원이며 이는 새로이 간이과세자로 적용되는 2017년 7월 1일부터 2017년 12월 31월까지의 기간에 대한 부가가치세 신고를 할 때 함께 납부해야 합니다.

| 간이과세포기신고로 세금 면제 |

간이과세자로 저절로 변경되어 이러한 불이익을 당하지 않으려면 과세유형이 바뀌기 전에 간이과세포기신고를 하여야 합니다. 특히 부동산임대업자의 경우 임대용 부동산을 분양받아 중도금을 지급하고 미리 부가가치세를 돌려받고, 건물이 완성되지 않아 사업을 개시하지 못해 실적미진으로 간이과세자로 변경되는 경우가 많습니다.

이러한 경우에 환급받은 부가가치세를 토해내지 않으려면 간이과세포기신고를 하면 됩니다. 이러한 간이과세포기신고는 적용받고자 하는 달의 전달 말일까지 관할세무서에 해야 합니다. 이렇게 간이과세포기신고를 하면 3년 동안은 매출실적과 무관하게 간이과세자로 적용받을 수 없습니다.

간이과세포기는 환급받은 세액을 반납하지 않기 위한 경우뿐만 아니라 간이과세자로 계속 적용받아 오던 자가 영세율적용 또는 거액의 시설투자로 매입세액을 환급받을 수 있도록 하거나 거래 상대방에게 영수증이 아닌 세금계산서를 발행하여 매입세액공제을 받을 수 있도록 하기 위한 경우도 있습니다.

10

간이과세자에서 일반과세자로 바뀌면 재고품 매입세액공제 가능

●
●
●

Q 매출 규모가 그리 크지 않을 것 같아 간이과세자로 사업자등록을 했습니다. 그런데 매출이 4천800만 원이 넘어 일반과세자로 바뀌었습니다. 간이과세자여서 거래를 할 때 부가가치세를 더 내고 세금계산서를 받았어도 하나도 환급을 받지 못했습니다. 억울해요. 지금이라도 간이과세자일 때 환급받지 못한 것을 돌려받을 수 있을까요?

일반과세자가 간이과세자로 바뀌는 것과 반대로 간이과세자로 사업자등록을 했어도 매출이 4천800만 원이 넘으면 일반과세자로 바뀝니다. 이때는 재고매입세액을 공제받을 수 있으니 잊지 말고 꼭 챙기기 바랍니다.

| 재고매입세액에 대한 공제 계산 방법 |

공제를 받을 수 있는 재고매입세액은 꼭 세금계산서에 의해 확인된 것이라야 합니다. 일반과세자로 변경되면 변경일 이후부터 새로운 과세기간이 시작되며 재고매입세액공제를 받기 위해서는 간이과세자로서의 과세기간에 대한 확정신고와 함께 재고품 및 감가상각자산을 신고해야 합니다. 이로부터 1개월 이내 관할세무서장의 승인을 받아 승인을 받은 날이 속하는 과세기간의 매출세액에서 차감할 수 있습니다.

> **재고품의 경우 :** 재고금액 × 10/110 × (1 − 당해업종의 부가가치율)
> **감가상각자산의 경우 :** 취득가액 × (1 − 감가율 × 경과된 과세기간 수) × 10/110
> × (1 − 당해 업종의 부가가치율)

예를 들어 의류 소매업을 하는 김사장은 간이과세자였으나 2016년 1년간 매출액이 6천만 원이 되었습니다. 따라서 2017년 7월 1일부터 2018년 6월 30일까지의 과세유형은 일반과세자로 적용되며 2017년 7월 1일부터 2017년 12월 31일까지 기간에 대한 부가가치세를 신고할 때 매입세액공제를 받을 수 있습니다.

2017년 7월 1일 현재 사업장에 존재하는 재고품은 의류품목 1천만 원(부가가치세 제외)과 2016년 4월중 200만 원(부가가치세제외)에 구입한 에어컨이며, 이는 전액 세금계산서를 받았습니다. 이러한 재고품 등은 2017년 상반기 실적에 대한 부가가치세신고와 함께 관할세무서에 신고해야 하며, 신고를 받은 세무서는 이를 조사하여 승인하게 됩니다. 이에 재고매입세액을 계산해 보면 다음과 같습니다.

의류에 대한 납부세액 : 1천100만 원 × 10/110 × (1 − 0.15) = 85만 원
※ 소매업에 대한 부가가치율은 15%임

에어컨에 대한 납부세액 : 220만 원 × (1 − 0.25 × 3) × 10/110 × (1 − 0.15) =
4만 2천500원
※ 에어컨의 감가율은 25%이며 취득이후 경과된 과세기간의 수는 3이 됨

따라서 재고매입세액은 89만 2천500원이며 이는 새로 일반과세자로 적용되는 2017년 7월 1일부터 2017년 12월 31일까지의 기간에 대한 부가가치세를 신고할 때 공제받을 수 있습니다.

11

사업장은 두 개,
세금은 한꺼번에

●
●
●

의류업을 하고 있는데, 매장을 압구정동에 하나, 분당에 하나 모두 두개를 갖고 있습니다. 사업장마다 따로 따로 사업자 등록을 했는데, 세금을 낼 때도 각각 신고해야 하나요? 번거로운데 한꺼번에 통합해 신고하는 방법은 없나요? 또 각각 신고하는 것과 통합해 신고하는 것 중 어느 것이 더 유리한가요?

사업자가 내야 하는 세금은 사업장별로 따로따로 해야 하는 것이 있고, 통합해서 하는 것이 있습니다. 즉 부가가치세는 사업장별로 세금을 납부하는 것이 원칙이지만 소득세는 사업장을 몇 개 가지고 있든 상관없이 한꺼번에 신고하면 됩니다.

| 신고는 따로 따로, 환급은 통합해서 받는 '주사업장총괄납부제도' |

여러 사업장이 있을 경우 부가가치세를 신고할 때 한 사업장은 세금을 내야 하고, 또 다른 사업장에서는 세금을 돌려받아야 하는 경우가 생길 수 있습니다. 만약 납부나 환급도 신고한 대로 따로 따로 받아야 한다면 자금운영이 매우 불편해 질 것입니다. 즉, 납부세액이 발생한 사업장은 납부기한까지 세금을 납부하게 되지만 환급세액이 발생한 사업장은 이를 즉시 환급받지 못하고 신고 · 납부기한으로부터 30일이 지난 이후에 돌려받을 수 있기 때문에 그만큼 손해를 보게 됩니다.

예를 들어, 의류제조공장과 직매장 두 개의 사업장을 갖고 있는 사업자가 2016년 7월 부가가치세를 신고할 때 제조공장에서는 영세율을 적용받아 8천만 원을 환급받아야 하고, 직매장에서는 5천만 원을 납부해야 한다고 가정합시다. 부가가치세를 신고함과 동시에 직매장사업장에서는 5천만 원의 세금을 납부해야 하지만 제조공장사업장은 8월 중에야 8천만 원을 환급받을 수 있습니다. 만약 이를 통산하여 납부할 수 있다면 7월에는 세금을 하나도 납부하지 않아도 되며, 8월중에 3천만 원을 환급받아 그만큼 자금부담을 줄일 수 있습니다.

이러한 점을 고려하여 2개 이상의 사업장이 있는 경우 각 사업장의 납부세액 또는 환급세액을 통산하여 주된 사업장에서 납부하거나 환급받을 수 있도록 하고 있는데 이를 '주사업장총괄납부제도'라고 합니다.

| 주사업장총괄납부제도! 이것만은 주의 |

사업장이 여러 개인 사업자에게 주사업장총괄납부제도는 자금을 운영하는데 큰 힘이 되어줍니다. 하지만 몇 가지 꼭 기억해두어야 할 사항이 있습니다.

1. 과세기간개시 20일 전에 신청해야 한다

주사업장총괄납부제도를 적용받으려면 과세기간 개시 20일 전까지 총괄납부 승인신청서를 총괄납부하고자 하는 사업장의 관할세무서에 제출하면 됩니다.

2. 총괄납부를 하더라도 신고는 각 사업장별로 해야 한다

주사업장총괄납부제도가 적용되면 부가가치세의 납부·환급만 주사업장에서 하고 세액 계산과 신고는 각 사업장마다 해야 합니다. 또한 세금계산서를 주고받는 것도 각 사업장별로 해야 합니다. 만약 종(從)된 사업장의 관할세무서에 신고하지 않고 주된 사업장 관할세무서에 종(從)된 사업장분을 합산하여 신고한 경우에는 종된 사업장분은 무신고로 보아 신고불성실가산세가 적용됩니다.

3. 직매장에 반출할 때는 세금계산서를 발행하지 않아도 된다

제조장 등에서 타인에 직접 판매할 목적으로 직매장에 반출하는 경우 이를 과세거래로 보아 세금계산서를 발행해야 합니다. 그러나 주사업장총괄납부 승인을 얻은 사업자의 경우에는 이를 과세거래로 보지 않기 때문에 세금계산서를 발행하지 않아도 되는 편리함이 있습니다.

12

부가가치세가 비용으로
인정되는 경우와 그렇지 않은 경우

간이과세자로 사업을 하는 대학생입니다. 간이과세자라서 물건을 사고 세금계산서를 받았지만 부가가치세를 신고할 때 매입세액공제를 받을 수 없었습니다. 대신 다른 세금 혜택을 많이 받아 큰 불만은 없지만 분명 부가가치세를 부담했는데 어쩐지 억울한 생각이 듭니다. 제가 낸 부가가치세를 돌려받을 수 있는 방법은 없을까요?

원칙적으로 거래금액의 10%에 해당하는 부가가치세는 부가가치세를 신고할 때 납부하거나 돌려받을 수 있습니다. 따라서 소득세나 법인세를 계산할 때 매출세액이나 매입세액으로 지불한 부가가치세는 비용으로 인정받을 수 없지만 예외적으로 질문자처럼 간이과세자이면서 부가가치세액을 납부한 것을 비롯한 몇 가지 경우에는 부가가치세라도 비용으로 처리할 수 있습니다.

| 비용으로 인정받는 경우 |

물건을 판매하고 그 대가로 부가가치세를 포함하여 11만 원을 받았다면 소득세를 계산할 때 수입금액은 부가가치세 1만 원을 제외한 10만 원입니다. 1만 원은 부가가치세를 신고할 때 매출세액으로 납부해야 하며, 소득세를 계산할 때 비용으로 처리할 수 없습니다. 또한 물건을 구입하고 그 대가로 부가가치세를 포함하여 11만 원을 지급하였다면 부가가치세 1만 원은 부가가치세를 신고할 때 매입세액공제를 받을 수 있으며, 소득세를 계산할 때는 부가가치세를 뺀 10만 원만 비용으로 인정됩니다. 여기서 음식점 등이 면세농산물에 대해 공제받는 의제매입세액도 비용으로 인정되지 않습니다.

원칙적으로 부가가치세가 비용으로 인정되지 않는 것은 당연합니다. 왜냐하면 부가가치세를 신고할 때 이미 매출세액과 매입세액을 정산해 공제를 했기 때문입니다.

하지만 부가가치세를 신고할 때 매출세액에서 공제되지 않은 매입세액이 있다면 이는 비용으로 인정될 수 있으며 구체적인 경우는 다음과 같습니다.

- 부가가치세 면세사업과 관련된 매입세액
- 비영업용 소형승용차의 구입 및 유지에 관한 매입세액
- 접대비 및 이와 유사한 지출에 관련된 매입세액
- 부가가치세 간이과세자가 납부한 부가가치세액
- 영수증을 교부받은 거래분에 포함된 매입세액으로서 매입세액공제대상이 아닌 금액
- 부동산임차인이 부담한 전세금 등의 간주임대료에 대한 매입세액

| 비용으로 인정받을 수 없는 경우 |

매출세액에서 공제되지 않은 매입세액이라 할지라도 다음과 같이 부가가치세법상 의무불이행으로 공제받지 못한 매입세액은 비용으로 인정되지 않습니다.

- 세금계산서불명 또는 합계표미제출로 인해 공제받지 못한 매입세액
- 사업자미등록으로 인해 공제받지 못한 매입세액
- 사업과 관련 없는 지출로 인해 공제받지 못한 매입세액

| 거래처 부도로 부가가치세를 부담해야 할 경우 |

재화나 용역을 공급하고 세금계산서를 발행했으나 세금계산서를 발행할 때 대금을 받지 않은 경우가 있을 수 있습니다. 일종의 외상 매출이지요.

부가가치세 신고 기간이 되어 대금을 지급받기 전에 외상매출에 대한 부가가치세를 미리 신고하고 납부했는데, 거래처가 파산하거나 부도가 날 수 있습니다. 이 경우 거래처가 부담해야 할 부가가치세를 공급자가 부담한 결과를 초래합니다.

이처럼 거래처의 파산 등으로 인해 대금을 회수하지 못한 경우 공급자가 이

미 납부한 매출세액은 부가가치세를 신고할 때 세액공제를 받거나 법인세 및 소득세 신고할 때 비용처리를 할 수 있습니다. 둘 중 하나를 공급자가 선택할 수 있는데, 보통은 비용 처리하는 것보다는 부가가치세를 신고할 때 세액공제를 받는 것이 유리합니다.

13

중소기업으로 창업했을 때의
세금 혜택은?

중소기업에 대해서는 여러 가지 방법으로 세금을 적게 낼 수 있는 혜택 을 준다고 합니다만, 정작 내용이 무엇인지는 잘 모르겠습니다. 중소기업을 지원하는 혜택이 많아도 제가 아무 것도 몰라 활용할 수가 없으니 답답할 뿐입니다. 또 그러한 세금 지원제도가 말로만 그럴듯한 것인지, 실제로도 도움이 되는 것인지도 알고 싶습니다.

대기업 자회사로 독립하는 것을 제외하면 실제로 창업하면서 처음부터 규모 있게 대기업으로 시작하는 경우는 없습니다. 그러니 사실상 창업은 다 중소기업이라고 보아도 무방할 것입니다. 보통 중소기업이란 법으로 정해놓았는데, 이 범주에 해당하는 중소기업이라고 하더라도 앞으로 소개할 모든 세금 혜택을 누릴 수 있는 것은 아닙니다.

중소기업을 위한 조세 지원 내용은 다음과 같습니다.

| 창업 후 5년까지 매년 50%의 세액 감면 |

수도권 외의 지역에서 창업한 중소기업이거나 창업보육센터사업자로 지정받은 자 또는 창업 후 2년 이내 벤처기업으로 확인받은 기업은 창업 후 또는 벤처기업으로 확인받은 후 최초로 소득이 발생하는 년도부터 4년까지 매년 법인세 또는 소득세를 50% 감면받을 수 있습니다. 또한 창업 당시 만 34세 이하인 청년일 경우 수도권과밀억제권역 지역이면 50%, 그 외의 지역이면 100%를 5년간 감면이 됩니다. 감면대상 중소기업은 다음의 사업을 영위하는 자라야 합니다.

– 제조업, 광업, 물류산업, 음식점업, 건설업
– 부가통신업, 연구 및 개발업, 과학 및 기술 서비스업, 방송업, 엔지니어링 사업, 정보처리 및 컴퓨터 운영 관련업

또한 이들은 법인설립 등기를 할 때 등록세를 면제하고 창업하고 2년 이내 자산을 취득했을 때 취득세와 등록세를 면제받을 수 있습니다.

| 중소기업이면 5~30%의 특별세액감면 |

위의 50% 감면이 적용되지 않는 중소기업은 다음과 같은 세액감면을 적용받을 수 있습니다.

즉, 수도권 안에 있는 중소기업 중 일정요건에 해당하는 소기업 등에 대해서는 산출세액의 업종에 따라 10% 또는 20%의 세액감면을 받을 수 있고 수도권밖에 있는 중기업·소기업에 대해서는 5%, 10%, 15%, 30%의 세액감면을 받을 수 있습니다.

| 접대비로 인정받을 수 있는 한도가 크다 |

접대비로 사용된 금액은 일반적으로 비용으로 처리할 수 있으나 이에는 인정한도가 있습니다. 즉 일반기업인 경우 기본금액 1천200만 원에 수입금액에 비례한 금액을 더한 값이 접대비로 인정받을 수 있는 한도인데 비해 중소기업의 경우 기본금액이 3천600만 원을 적용합니다.

| 기업구매전용카드 사용 시 세액공제 |

중소기업을 영위하는 자가 물품을 구매하고 환어음 또는 판매대금추심의뢰서를 결제하는 방식으로 지급하거나 기업구매전용카드, 외상매출채권담보대출제도를 이용하는 경우 다음과 같이 계산된 금액을 법인세 또는 소득세에서 공제합니다. 다만 중소기업이 아닌 기업은 중소기업에 지급하는 구매대금에 한해 세액공제가 가능합니다.

> (기업구매전용카드 등의 사용액–약속어음 사용액) × 일정률

| 결손금 소급공제를 받을 수 있다 |

사업을 하여 적자가 난 경우 그 손실금액을 결손금이라 합니다. 이러한 결손금은 일반적으로 다음 연도의 소득금액에서 차감하는 것이 원칙이나 중소기업에 대해서는 직전연도 소득에서 차감하여 이미 납부한 법인세 또는 소득세를 환급받을 수 있습니다.

환어음
판매기업이 판매대금을 지급받기 위해 구매기업을 지급인으로, 판매대금을 지급 금액으로 하여 일람출급식으로 발행한 어음. 한국은행총재가 기업구매지금대출과 관련하여 정한 조건 및 양식에 따라 발행한다.

판매대금추심의뢰서
판매기업이 판매대금을 지급받기 위하여 전자적 형태로 작성하여 거래 은행에 전송하는 서류로서 한국은행총재가 기업구매지금 대출과 관련하여 정한 조건 및 양식에 따라 작성된 것을 말한다.

기업구매전용카드
구매기업이 구매대금을 지급하기 위하여 여신전문금융업법에 의한 신용 카드업자로부터 발급받는 신용카드 또는 직불카드로 일반적인 신용카드가맹점에서는 사용할 수 없으며 구매기업 · 판매기업 및 신용카드업자간의 계약에 의하여 당해 판매기업에 대한 구매대금의 지급만을 목적으로 발급하는 것을 말한다.

외상매출채권담보대출
판매기업이 판매대금을 지급받기 위해 구매기업에 대한 외상매출 채권을 담보로 금융기관으로부터 대출을 받고 구매기업이 구매대금으로 판매기업에 대한 금융기관의 대출금을 상환하는 것으로서 한국은행총재가 정한 조건에 따라 대출이 이루어지는 것을 말한다.

14

증여받은 재산을 창업자금으로 이용하면 증여세가 없다고?

부모님의 경제적 도움을 받아 창업을 하려고 합니다. 이에 부모님께 받는 창업자금은 증여받는 자산이기 때문에 증여세를 납부하는 게 원칙이지만 창업목적으로 인한 증여자금은 증여세가 없거나 훨씬 적다는 얘기를 들었습니다. 사실인지 자세히 알고 싶습니다.

2006년부터 창업자금 사전상속제도라는 것이 생겼습니다. 이는 부모로부터 30억 원 한도 내에서 창업자금을 증여받아 창업하는 경우 원래 세율보다 낮은 10% 단일세율로 증여세를 부과하며, 사전증여재산특별공제란 항목으로 5억 원을 공제받을 수 있는 제도입니다. 단 2013년까지 증여받은 자산에 한하며 부모님의 사망으로 인한 상속 시에는 상속세를 정산하여 납부하게 됩니다.

| 증여세란? |

일반적인 증여를 할 때 증여세가 어떻게 산출되는지를 이해하면 이 제도가 얼마나 유용한지 알 수 있을 것입니다. 세법에서 의미하는 증여란 재산적가치가 있는 일체의 자산을 무상으로 양도하는 것입니다. 따라서 자산의 종류에는 부동산, 금전, 채권, 주식 등 그 형태를 불문합니다. 참고로 양도소득세 과세대상은 부의 유상이전이며 그 양도자산은 부동산 및 부동산과 관련된 권리·주식 등으로 한정됩니다. 증여세납부의무자는 증여한 자가 아닌 증여를 받은 자이며 증여세를 산출하는 방법은 다음과 같습니다.

> (증여받은 자산가액 − 증여재산공제) × 증여세 세율

증여재산공제는 증여자가 배우자인 경우엔 6억 원, 직계존비속인 경우에는 5천만 원이 됩니다. 증여세세율은 10%(1억 원 이하), 20%(1억 원 초과 5억 원 미만 분), 30%(5억 원 초과 10억 미만 분), 40%(10억 원 초과 30억 원 미만 분), 50%(30억 원 초과 분)의 누진세율 구조입니다.

예를 들어 남편으로부터 20억 원짜리 부동산을 증여받았을 때 납부할 증여세를 계산해보면 (20억 원 − 6억 원) × 증여세 세율 = 1억 원 × 10% + 4억

원 × 20% + 5억 원 × 30% + 4억 원 × 40% = 4억 원이 됩니다.

│ 창업자금 사전상속제도를 활용하면 증여세가 얼마나 줄어들까? │

일단 특별공제항목으로 5억 원을 공제해주니 5억까지는 창업자금으로 증여받더라도 내야 할 증여세가 없습니다. 하지만 이 제도가 없었더라면 5천만 원밖에 공제를 못 받으니 5천만 원을 초과하는 증여자금에 대해서는 증여세 세율을 적용한 세금을 납부해야 할 것입니다. 반대로 5천만 원 이하의 자금을 증여자금으로 받는다면 이 제도는 무용지물인 셈이죠.

예를 들어 부모님으로부터 10억 원의 창업자금을 지원받는다고 가정할 때 증여세를 계산해 보겠습니다.

- 사전상속제도 도입 전 : (10억 원 – 5천만 원) × 세율 = 1억 원×10% + 4억 원 × 20% + 4억5천만 원 × 30% = 2억2천500만 원
- 사전상속제도 도입 후 : (10억 원 – 5억 원) × 세율 = 5억 원 × 10% = 5천만 원

│ 창업자금 사전상속제도를 적용 받기 위한 조건 │

이러한 제도는 창업을 돕기 위한 정부의 의도와는 달리 탈세의 수단으로 악용될 여지가 있으므로 다음과 같은 조건을 갖추어야 가능합니다.

첫째, 18세 이상 거주자가 창업을 목적으로 60세 이상의 부모로부터 증여받는 자금이라야 합니다.

둘째, 증여하는 재산은 현금, 채권 또는 상장주식 중 소액주주분이라야 하며 부동산이나 비상주식은 제외됩니다.

셋째, 증여받은 날로부터 2년 이내 창업해야 하며 4년 이내 창업목적에 모두 사용해야

합니다.

넷째, 유흥주점 · 도박장 등은 안 되며 건전한 목적으로 하는 사업이어야 합니다.

한편 부모의 사망으로 상속이 이뤄지면 상속세로 다시 정산하게 되며 증여받은 후 10년 이내 폐업을 하면 10~50% 의 증여세세율로 다시 증여세가 부과됩니다.

꼭 알아야 할 법률 상식

사무실 임대한 사람에게 2차 임대를 받았을 때 법적 보호는?

Q 사무실을 얻었는데, 계약 기간이 끝나 다른 곳으로 이사 갈 준비를 하면서 사무실 원 주인과 계약한 것이 아니고 부동산 중개업자와 계약한 사실을 알았습니다. 보증금 500만 원을 돌려 달라고 하니 이 핑계 저 핑계를 대고 빨리 주지를 않습니다. 임차인을 보호해준다는 임대차보호법에 호소하면 이 골치 아픈 문제를 해결할 수 있을까요?

| 2차 임대는 법적으로 보호받지 못하니 주의 요망 |

건물 소유자가 아닌 임차인이 다시 임대를 하는 경우는 생각보다 꽤 많습니다. 여러 명이 함께 사무실을 쓸 때 한 사람이 대표로 건물주와 임대 계약을 하고, 다른 사람들이 대표 임차인과 다시 계약을 하기도 하고, 요즘 인기를 끌고있는 소호 사무실도 건물주가 아닌 임차인이 파티션을 하거나 독립된 여러 방으로 꾸며 재 임대를 하는 경우도 많습니다.

건물주가 아닌 임차인으로부터 2차 임대를 받았어도 사업자 등록증을 내는것은 물론 다른 사업 활동을 하는 데는 지장이 없지만 문제가 발생했을 때 법적인 보호를 받을 수는 없습니다. 만약 2차 임대를 한 당사자가 계약 기간이끝났는데도 보증금을 돌려주지 않거나 건물주가 임차인이 임대료를 제 때 지불하지 않는 것을 이유로 사무실을 비워줄 것을 요구해도 2차 임차인은 아무런 권리를 주장할 수 없습니다.

매우 안타까운 일이지만 법은 정상적인 권리를 가진 당사자들의 계약만을인정할 뿐입니다. 따라서 2차 임대는 아주 믿을만한, 잘 아는 사람이 아닌 경우에는 피하는 것이 좋습니다. 특히 보증금의 액수가 크다면 좀 더 신중을 기해야 할 필요가 있습니다. 어쩔 수 없는 사정으로 정상적인 소유자(임대인) 대신 다른 사람과 계약을 하는 상황이라면 소유자의 인감증명서가 첨부된 위임장을 꼭 받아두어야 합니다. 임대인의 동의를 구하지 못한 임차인과의 2차 임대 계약은 아무 효력이 없습니다.

이런 문제 때문에 대부분의 소호 사무실과 공동 사무실은 보증금 없이 한 달(혹은 두 달) 임대료를 선불로 내는 형태로 운영됩니다. 임대료만 선불로 내고사무실을 쓰는 것이기 때문에 보증금으로 생겨날 수 있는 복잡한 문제를 피할수 있고, 사무실을 재 임대한 임차인도 임대료를 내지 않을 경우 쉽게 정리를할 수 있습니다.

02

사무실 임대 계약서가 없으면
보증금을 돌려받지 못하나?

1년 기간으로 사무실을 계약했습니다. 계약 기간을 다 채우고 다른 곳으로 이전을 했는데, 임대인이 계약서를 가져와야 보증금을 돌려준다고 합니다. 사무실 이전하면서 계약서를 분실했는지 아무리 뒤져도 찾을 수가 없습니다. 보증금을 돌려받을 수 있는 방법이 없을까요?

| 확인서나 각서로 해결 가능 |

계약서는 계약 기간이 끝나면 법적으로 아무런 효력을 발휘하지 못합니다. 따라서 임대인은 임차인이 계약서를 분실했다는 것을 이유로 보증금을 돌려주지 않을 어떤 권리도 없습니다. 다만 임차인은 계약 만료 최소 30일 전에 계약 기간이 끝나면 다른 곳으로 이사할 것임을 분명하게 전달해야 합니다. 만약 통보를 안 할 경우 임대인은 임차인이 계약을 연장하고 싶어 하는 것으로 간주할 수 있기 때문입니다.

법적으로는 일방적으로 임대인이 임대 계약서를 되돌려 받을 권리가 없지만 계약서 분실을 이유로 문제를 삼는다면 임차인이 각서나 확인서를 써줌으로써 해결할 수 있습니다. 즉, 계약서는 분실했고, 그로 인해 효력은 없으며 만약 후에 분실된 계약서로 문제가 발생할 경우 모든 법적인 책임은 임차인이 지겠다는 내용의 각서나 확인서를 써주면 됩니다. 보통은 이런 방법을 많이 이용합니다.

그렇다면 왜 임대인들이 통상적으로 계약서를 돌려줄 것을 요구할까요? 보통 계약서 반환을 요구하는 경우는 크게 두 가지 입니다.

제일 많은 경우는 계약을 중도에 해지할 때입니다. 계약 기간이 만료되지 않았기 때문에 혹시라도 임차인이 계약서를 근거로 문제를 일으킬 소지를 없애기 위해 당연히 계약서 반환을 요구합니다.

두 번째는 임대인이 세무서에 신고한 금액과 실거래 가격이 다를 경우입니다. 세금을 적게 내기 위해 실거래 가격보다 낮은 가격으로 계약서를 작성했기 때문에 부정 신고가 노출될 근거를 없애 버리려는 것입니다.

이도 저도 아니라면 그냥 심정적으로 불안해서, 혹은 모두들 그렇게 하니까 덩달아서 그러는 것뿐입니다. 이유가 어찌됐든 계약서는 계약 기간이 끝날 때까지 잘 보관하고 있을 필요가 있습니다. 어떤 계약서든 계약서는 문제가 생겼을 때 중요한 해결의 열쇠를 제공해주므로 분실해서는 안 됩니다.

03

제품 사진은 저작권이
없다는 게 사실일까?

●
●
●

　　　쇼핑몰을 준비하고 있습니다. 제품 사진을 디지털 카메라로 찍어보니 너무 좋지 않습니다. 제품 사진은 저작권 표시가 없거나 제품 이미지만 나와 있으면 마음대로 써도 된다고 하여 다른 사이트에 올라와 있는 제품 사진을 쓰려고 합니다. 괜찮을까요?

| 창작성이 있느냐 없느냐가 관건 |

오프라인 매장과는 달리 인터넷 쇼핑몰에서는 제품 사진과 설명서만으로 구매를 유도해야 합니다. 그만큼 제품 사진의 역할은 중요합니다. 따라서 쇼핑몰을 운영하는 분들은 최대한 제품을 멋지게 보여주기 위해 노력을 많이 합니다. 디지털 카메라로 찍고, 포토샵과 같은 그래픽 프로그램으로 이미지를 더욱 좋게 보정하는 일까지 정성을 들이지요.

저작권은 창작성이 인정되는 결과물에 대한 권리를 인정해주는 것입니다. 제품 사진은 보통 제품을 사실 그대로 재현해 보여주기 위한 목적으로 촬영하기 때문에 저작권을 인정받기가 조금 힘든 편입니다. 스튜디오에서 찍은 제품 사진은 저작권이 없다고 판결한 예가 있습니다.

하지만 제품을 있는 그대로 보여주는 것이 아니라 연출을 통해 개성을 부여해 촬영한 것이라면 저작권이 인정됩니다. 즉, 창작성이 있느냐 없느냐에 따라 저작권이 인정되는 것이지요.

또한 저작권은 별도로 저작권을 표시해놓지 않았다고 해도 저작권이 사라진 것이 아님을 각별히 주의해야 합니다. 많은 분들이 인터넷에 올라와 있는 각종 자료들 중 저작권 표시가 되어있지 않은 것은 안심하고 써도 된다고 오해하고 있는데, 위험천만한 일입니다.

요즘에는 스스로 저작권을 보호받기 위해 적극적으로 대처하는 분위기이기 때문에 여기저기 떠다녔던 작은 아이콘 하나 혹은 평범해 보이는 이미지 사진 한 장을 잘못 써 저작권 소송에 휘말려 곤욕을 치르는 예가 허다합니다.

이처럼 제품 사진은 저작권으로 인정받을 수 있는 폭이 좁기 때문에 공들여 찍은 사진이 다른 곳에서 그대로 사용되는 것을 막기 위해 제품 사진에 회사의 로고나 개인의 이니셜을 워터마크로 만들어두기도 합니다.

만약 자사 쇼핑몰의 제품 사진을 다른 쇼핑몰에서 그대로 사용할 경우 저작권 침해와 상관없이 부정경쟁방지 및 영업비밀보호에 관한 법에 의해 제제를 가할 수 있습니다. 민사적으로는 사용중지 및 손해배상을 청구할 수 있고, 형사적으로는 고소를 제기할 수 있습니다.

04

자료 출처를 밝혀도
저작권 침해?

:

온라인 전문 쇼핑몰을 운영하고 있는데, 단순히 제품만 파는 것보다는 온라인 관련 정보를 함께 제공하면 효과적일 것 같아 뉴스 및 강좌를 서비스하려고 합니다. 강좌는 직접 만들 생각이지만 뉴스는 신문이나 인터넷에 소개된 기사를 그대로 올리려고 합니다. 단순한 뉴스는 저작권이 없어 출처만 정확히 밝혀주면 된다고 하던데…

어떤 저작물이든 출처를 밝히는 것만으로는 쓸 수 없습니다. 출처를 밝혔다 하더라도 나중에 저작자가 문제를 제기하면 저작권 침해로 처벌을 받을 수 있습니다.

뉴스도 마찬가지입니다. 인터넷에 게재되어 있는 기사나 게시물, 신문기사나 뉴스 등을 전 부문 그대로 인용하면 저작권에 위배됩니다.

인터넷이 대중화되면서 자료를 쉽게 구하고 복제할 수 있게 되면서 저작권 시비는 날로 심해지고 있습니다. 많은 사이트들에서 심심치않게 '퍼옴', '발췌'라는 꼬리표를 붙이거나 출처를 밝힌 자료들을 볼 수 있습니다. 스스로 작성한 것이 아니라는 것을 분명하게 밝혀, 적어도 저작권을 고의로 침해할 의사가 없다는 것을 알리기는 했으나 이것만으로는 저작권을 침해했다는 지적으로부터 자유로워질 수 없습니다.

저작권법이 강화되면서 최근에는 대부분의 사이트들이 외부 자료를 그대로 가져와 올리기보다는 해당 자료가 있는 곳을 단순 링크시키는 것으로 대신하고 있는 추세입니다.

KEY POINT **저작권심의조정위원회(www.copyright.or.kr)**

저작권에 대한 인식이 제대로 뿌리를 내리지 못한 상황이어서 악의적으로 타인의 저작권을 훼손하려는 의도가 아니었어도 자기도 모르는 사이에 저작권을 침해하는 경우들이 많습니다. 복잡미묘, 알쏭달쏭한 저작권에 대한 모든 것을 알고 싶다면 저작권심의조정위원회에 들르면 많은 도움을 얻을 수 있습니다.

저작권에 대한 기본적인 지식들은 물론 사례별로 상담한 사례들이 많기 때문에 좀 더 구체적으로 저작권의 실체를 파악할 수 있을 것입니다.

05

상가건물임대차보호법과
확정일자?

●
●
●

Q 조그맣지만 사무실도 하나 얻고 사업자등록증도 냈습니다. 그런데 얼마 있다 관할 세무서에서 확정일자를 신청하라는 내용의 우편물을 보냈습니다. 보증금이 500만 원밖에 안되는데, 번거롭게 꼭 확정일자를 받아야 할까요?

아파트, 상가 건물, 빌딩 등의 부동산은 대부분 담보로 잡혀있다고 해도 과언이 아닙니다. 사무실이나 상가를 빌려 쓰고 있는데, 건물이 경매로 넘어가 보증금 한 푼 받지 못하고 나와야 하는 일들이 제법 많습니다.

이런 임차 사업자들을 보호하기 위해 '상가건물임대차보호법'이 시행되고 있습니다.

상가건물임대차보호법 주요 내용

상가건물임대차보호법은 4가지로 요약할 수 있습니다.

첫째, 임대차 존속기간을 보장받는 것입니다. 임차인은 10년 동안 계약갱신권을 주장할 수 있으며, 계약 기간 동안 건물주는 일방적으로 계약을 파기할 수 없습니다. 하지만 임차임이 임대료를 3회 이상 연체하면 권리를 잃게 됩니다. 또한 권리금을 회수하는 법적인 보장기간은 6개월입니다. 전통시장에서 장사를 하는 영세한 상인들도 권리를 행사할 수 있습니다.

둘째, 임차인이 건물을 인도받고 사업자등록을 하면 이후 건물 소유주가 바뀌어도 새로운 소유주에 대해 이전 소유주와 계약한 임차권을 그대로 주장할 수 있습니다. 이처럼 건물 소유주가 바뀌어도 권리가 그대로 승계되는 것을 법적 전문용어로는 '대항력'이라 부릅니다.

셋째, 확정일자를 받은 경우 건물이 경매로 넘어갈 경우 보증금을 제일 먼저 변제받을 수 있습니다. 마지막으로 건물주가 임대료를 연 5% 이상 올릴 수 없도록 법적으로 규제하고 있습니다.

확정일자는 어디서, 어떻게 신청할까

상가건물임대차보호법은 확정일자를 받아야 제대로 법적 보호를 받을 수 있습니다. 건물을 빌리고 사업자등록을 신청한 다음 임대차계약서 원본, 사업자등록증, 신분증을 지참하고 관할 세무서에 가면 임대차계약서에 관할 세무서장의 확인 도장을 찍어줍니다. 공신력 있는 기관이 그 날짜에 임대차계약서가 존재한다는 사실을 입증해주는 것으로 이것을 '확정일자'라고 합니다.

확정일자를 받았다 하더라도 향후 임대차계약 내용이 변경되면 다시 사업자 등록정정신고를 하고 확정일자를 다시 받아야 함을 주의하기 바랍니다. 또한 상가건물임대차보호법은 소액 상가 임차인을 보호하겠다는 취지로 만들어진 법이므로 적용을 받을 수 있는 대상이 제한되어 있습니다. 서울의 경우 보증금이 2억 4천만 원이 넘으면 소액 상가 임차인이 아닌 것으로 간주돼 이 법의 보호를 받을 수 없습니다.

상가건물임대차보호법 적용 대상

상가건물임대차보호법의 대상은 지역별로 다르게 규정되어 있습니다.

지역	보호대상 보증금 한도
서울특별시	9억 원 이하
과밀억제권역, 부산	6억9천만 원 이하
광역시 등	5억4천만 원 이하
기타 지역	3억7천만 원 이하

사업자등록 신청을 하면 얼마 후 관할 세무서에서 친절하게 확정일자를 받으라는 우편물을 보내지만 그 이전에 법의 대상인지 아닌지를 알아보려면 '보증금 + (월세 × 100)'공식에 의해 계산해보면 됩니다. 예를 들어 보증금이 2천만 원이고, 월세가 100만 원이라면 2천만 원 + 1억 원, 즉 1억 2천만 원이기 때문에 어느 지역에서도 다 법 적용 대상이 될 수 있습니다.

06

계약 기간 만료 전 계약을 파기할 경우
상가 설치비를 보상받을 수 있나?

∙
∙
∙

Q   상가임대 계약을 한지 4개월도 안 돼 임대인이 건물 재건축을 이유로 상가를 비워달라고 합니다. 보증금이야 당연히 돌려주겠다고 하지만 보증금이 문제가 아니라 상가 인테리어를 하는데 적지 않은 돈이 들었습니다. 설치비와 그 동안 홍보하는데 들어간 비용도 피해보상을 받을 수 있을까요?

일반 회사보다 음식점, 베이커리, 편의점 등의 상가는 사업을 개시하기 전에 내부 공사에 적지 않은 돈이 들어가기 마련입니다. 당연히 사업을 시작한 지 얼마 안 돼 다른 곳으로 옮겨야 한다면 그만큼 손해가 클 수밖에 없습니다.

우선 임대차계약서를 잘 살펴보고 계약 기간이 정해져 있는지 그렇지 않은지부터 확인해봅니다. 그에 따라 대처할 수 있는 방법이 달라집니다.

| 기간을 정했을 때 대처 방법 |

1년, 2년 등 계약 기간이 정해져 있다면 임차인은 임대인이 일방적으로 중도에 계약 해지를 요구해도 계약 기간 동안은 계속 상가를 점유할 권리가 있습니다. 따라서 임대인이 일방적으로 중도에 계약을 해지하려고 한다면 보증금은 물론 임차인이 입은 물질적, 정신적 손해를 배상받을 수 있습니다. 배상액의 수준은 임차인과 임대인이 협의해 결정하는데, 만약 임대인이 성실하게 협의에 응하지 않거나 고의적으로 영업을 방해하는 것과 같은 좋지 않은 행동을 하면 형사적 책임까지 물을 수 있습니다.

한편 재건축으로 인해 어쩔 수 없이 건물을 비워야 하는 경우가 아니어서 계속 그 건물에서 영업을 하기를 원한다면 임대인이 아무리 중도계약해지를 요구하더라도 이에 응할 아무런 이유가 없습니다. 단 임차료는 밀리지 않고 제때 지급해야 합니다. 임차료가 세 번 이상 연체하면 임대인에게 계약을 해지할 권리가 부여되기 때문입니다.

계약 기간이 끝나면 최대 10년까지 계약갱신요구권을 주장할 수 있지만 상가건물임대차보호법 10조에 의해 다음과 같은 사유에 해당할 때는 권리를 보장받을 수 없습니다.

❶ 임차인이 3기의 차임액에 달하도록 차임을 연체한 사실이 있는 경우

❷ 임차인이 거짓 그 밖의 부정한 방법으로 임차한 경우

❸ 쌍방 합의하에 임대인이 임차인에게 상당한 보상을 제공한 경우

❹ 임차인이 임대인의 동의 없이 목적 건물의 전부 또는 일부를 전대한 경우

❺ 임차인이 임차한 건물의 전부 또는 일부를 고의 또는 중대한 과실로 파손한 경우

❻ 임차한 건물의 전부 또는 일부가 멸실되어 임대차의 목적을 달성하지 못할 경우

❼ 임대인이 목적 건물의 전부 또는 대부분을 철거하거나 재건축하기 위해 목적 건물의 점유 회복이 필요한 경우

❽ 그 밖에 임차인이 임차인으로서 의무를 현저히 위반하거나 임대차를 존속하기 어려운 중대한 사유가 있는 경우

계약 기간이 끝나면 임대인은 합법적으로 계약 해지를 주장할 수 있고, 위와 같은 사유로 임차인이 계약갱신요구권을 행사할 수 없다면 결국 상가를 비워주어야 하고, 이 때는 보증금 이외의 설치비 및 홍보비 등은 받을 수 없습니다.

기간을 정하지 않았을 때의 대처방법

기간을 정하지 않은 경우는 두 가지입니다. 하나는 처음부터 계약서상에 기간을 명시하지 않은 경우이고, 다른 하나는 계약 기간이 끝난 후 임대인이 별다른 이의를 제기하지 않고, 임차인도 계속 사용할 것을 원해 자동으로 재계약이 된 경우입니다. 보증금과 월세 조건은 동일하게 승계되지만 계약 기간은 정해지지 않은 상태가 됩니다.

이처럼 기간이 정해지지 않았을 때는 언제든지 계약 해지를 통고할 수 있습니다. 다만 임대인은 해지를 통고한 지 6개월, 임차인은 1개월이 지나야 해지의 효력이 생깁니다. 구두로 하는 것보다는 내용증명을 보내 해지를 통고했다

는 증거를 남기는 것이 좋습니다.

정상적으로 계약이 해지된 경우 설치비를 받을 수 있는가의 여부는 임대차계약을 할 때 임대인으로부터 상가나 건물에 부속물을 설치해도 괜찮다는 동의를 얻었느냐에 따라 달라집니다. 동의를 얻지 않고 임의로 부속물을 설치하고 인테리어를 바꿨다면 임대인이 원래 모양대로 복구할 것을 요청할 수 있는 권리가 있기 때문에 임대인의 동의를 얻지 않았다면 설치비를 받을 수 없습니다.

KEY POINT **부속물 매수청구권**

부속물매수청구권은 사회적으로 약자인 임차인을 보호하기 위해 만든 '강행규정'입니다. 즉 임차인이 사용, 수익의 편의를 위해 그 부동산에 부속시킨 물건을 사 줄 것을 청구할 수 있는 권리입니다.

보통 상가나 사무실을 임대할 때는 임대차계약이 끝나면 임차인이 임대물을 원상회복시킨다는 내용의 특약 규정이 있습니다. 상가나 사무실을 수리하거나 인테리어를 했다 하더라도 이에 대한 비용을 청구할 수 없다는 내용입니다.

하지만 이런 특약이 있더라도 새로 설치한 것이 부속물로 인정되면 임차인은 특약과 상관없이 부속물매수청구권을 행사할 수 있습니다. 부속물이냐 아니냐는 임차인이 설치한 시설이 객관적으로 건물 사용의 편의를 위한 것이냐, 아니면 개인 사업의 필요성에 위한 것이냐에 따라 달라집니다.

예를 들어 용도가 음식점으로 된 건물에 임차인이 식당 영업을 하기 위해 설치한 주방은 부속물에 해당하지만 일반 사무실이었던 건물에 음식점을 하기 위해 주방을 만들었다면 이는 부속물이 아닙니다.

단 부속물을 임대인의 동의를 얻어 설치했거나 임대인으로부터 정당한 가격을 지불하고 매수했을 때만 부속물매수청구권을 행사할 수 있습니다.

07

프랜차이즈 가맹업자를 보호하는
'가맹사업거래 공정화에 관한 법률'

특별한 기술도 없고, 사업을 해본 적도 없어 프랜차이즈 창업을 하려고 합니다. 아무래도 본사가 모든 것을 지원해주니 조금은 더 안전할 것 같아서요. 유명 프랜차이즈는 경쟁이 너무 치열해 이제 막 시작해 이름이 알려지기 시작한 신생 프랜차이즈와 손을 잡으려고 합니다. 그런데 점포를 얻으려는 지역에 다른 가맹점들이 있는지 물었는데 대답을 안해주네요. 그냥 자기네만 믿고 따르면 된다고. 어떻게 해야 할까요?

사업경험이 없고, 자본이 부족한 사람들이 가장 선호하는 창업 형태가 '프랜차이즈'입니다. 창업박람회에 가보신 분들은 창업박람회인지 프랜차이즈들을 홍보하는 자리인지 헷갈릴 정도로 수많은 프랜차이즈들이 가맹점 모집에 열을 올리는 모습을 종종 목격하였을 것입니다.

이처럼 프랜차이즈 열기가 뜨거워지면서 본부와 가맹점간의 분쟁도 끊이지 않습니다. 당초 본부가 약속한 사항을 제대로 지켜주지 않아 피해를 보는 가맹점들이 많아지면서 가맹점들을 보호하기 위한 법이 제정되었습니다. 그 법이 바로 '가맹거래 공정화에 관한 법률'입니다.

이 법은 가맹본부가 가맹사업자에게 정보공개서를 제출할 의무가 있음을 분명히 명시해 두었습니다. 정보공개서에는 회사 및 임직원에 관한 사항, 가맹사업자의 부담, 영업활동 조건 및 제한, 가맹본부의 가맹사업현황, 가맹영업개시와 상세절차, 소요시간, 교육훈련 프로그램, 점포예정지 근처의 사업자 10군데의 명칭과 소재지, 전화번호 등의 내용이 담겨 있어야 합니다.

만약 가맹본부가 이러한 내용들을 제대로 공개하지 않는다면 일단은 프랜차이즈 본부의 신뢰도를 의심해보는 것이 좋습니다. 또한 정보를 공개했더라도 잘못된 정보도 있을 수 있으니 본부의 정보공개서만 믿지 말고, 직접 현장에서 확인해보기를 권합니다.

08

불리한 계약서로 인한 피해를 구제받을 수 있는 방법은?

사이트를 개발해주고 1년간 유지보수를 하는 대가로 2천만 원을 받기로 하였습니다. 기분 좋게 계약서에 도장도 찍고 사이트를 다 완성했는데, 마음에 들지 않는다며 개발 비용을 일체 줄 수 없다고 합니다. 항의했더니 계약서를 들이밀며 클라이언트가 만족하지 않으면 대금을 지불하지 않아도 된다는 항목이 있다고 합니다. 이럴 수가 있는 건가요?

서로 믿고 일하는 것이 미덕이지만 실제로 일을 하다보면 사사로운 분쟁들이 끊임없이 일어납니다. 또한 말로만 협의했을 경우에는 서로 다르게 이해했거나 시간이 지나면서 조금씩 마음이 바뀌어 오리발을 내밀 수도 있지요. 이런 문제를 최소화하기 위해 계약서를 만들고 도장을 찍는 것입니다.

보통 처음 사업을 시작하면 상대방이 제시한 계약서를 잘 읽어보지도 않고 그저 일을 시작하게 된 것만이 황송해 도장부터 찍는 분들이 많은데, 계약서 내용이 불리하게 되어 있으면 큰 낭패를 볼 수 있습니다.

불리한 내용이라도 계약서에 명확하게 명시되어 있고, 이를 인정하는 도장을 찍었다면 설사 피해를 입었더라도 보상을 받을 길이 없습니다. 따라서 소 잃고 외양간 고치는 우를 범하지 않으려면 계약서를 작성하거나 계약을 할 때 다음과 같은 사항들을 꼼꼼하게 점검해야 합니다.

| 계약서 작성할 때의 기본 원칙 |

계약서는 혹 나중에 문제가 발생했을 때 합리적으로 해결하고, 불행히 법적 소송을 하게 되더라도 피해를 최소화하기 위한 것입니다. 그만큼 계약서를 작성할 때는 계약을 하고 일을 진행하면서 발생할 수 있는 모든 문제를 미리 예측해 이에 대한 해결책이나 조정방안을 명확하게 제시해야 합니다.

계약서 내용은 다른 해석이 나올 수 없도록 명쾌한 문장으로 표시합니다. 예를 들어 '을이 불성실한 태도로 일에 임하면 계약을 파기할 수 있다.'처럼 애매모호한 표현이란 계약서에 있을 수 없습니다. '납기일을 지키지 않았다.' 처럼 누가 봐도 상황을 분명하게 이해할 수 있도록 계약서를 작성해야 합니다.

| 계약서 구성 내용 |

계약서는 보통 표제, 전문, 본문으로 구성됩니다. 표제는 말 그대로 계약서

겉 표지인데, 표제의 명칭을 반드시 계약서라고 표시하지 않고, 합의서, 각서, 합의각서 등으로 표시해도 상관 없습니다. 표제를 무엇으로 하는가는 계약의 효력과 별로 관련이 없고, 표제의 내용과 본문의 내용이 차이가 있더라도 본문 내용이 명확한 이상 표제의 의미와 상관없이 본문의 내용에 따라 효력이 발생합니다.

전문은 계약서의 각 조항을 구성하기에 앞서 그 계약의 목적이나 기본원칙을 선언하는 일종의 요약정리 글이라 할 수 있습니다. 꼭 전문을 둘 필요는 없으나 이를 둘 경우 계약서의 각 조항을 구성하는 본문의 해석기준이나 계약서상에 미처 기재하지 않은 사항에 대한 처리기준으로 삼을 수 있기 때문에 중요합니다.

본문의 내용은 계약 당사자가 계약 종류와 합의한 내용에 따라 달라지지만 비교적 공통적으로 들어가는 항목들을 추리면 다음과 같습니다.

- 계약의 목적과 배경
- 계약의 대상목적물
- 계약당사자의 권리, 의무내용
- 계약의 이행시기
- 조건 또는 기한의 존부
- 쌍무계약시의 선 이행 또는 동시이행관계
- 분할이행
- 기한이익의 상실
- 계약의 이행장소
- 계약의 이행방법
- 이행을 위한 채권자의 협력여부와 협력정도
- 채권자가 협력의무를 이행하지 않는 경우의 처리

- 계약의 체결, 관리 및 이행에 관한 비용의 부담
- 계약완결전에 발생한 위험의 부담
- 계약의 해제, 해지
- 해제, 해지권의 발생사유
- 해제, 해지시의 사후처리
- 해제, 해지시의 손해배상
- 계약이행의 담보
- 채무불이행시의 처리
- 일부이행시의 처리
- 불완전이행시의 처리
- 손해배상액의 산정과 배상방법
- 상대방에 대한 의사표시의 통지수단 및 통지장소
- 계약상의 권리이전
- 계약서에 반영되지 않은 사항의 처리
- 재판관할에 관한 합의

09

내용증명은
어떤 효과가 있을까?

●
●
●

1년 동안 홍보, 마케팅을 대행해주고 매달 500만 원씩 받기로 계약했습니다. 처음 두 달은 제 때 지급을 해주더니 회사가 어렵다는 이유로 벌써 석 달째 결제를 미루고 있습니다. 어려운 사정을 감안해 아무 말 않고 기다렸더니 더 신경을 안 써주는 것 같습니다. 주위에서 자꾸 내용증명이라도 보내라고 하는데, 과연 효력이 있는 건가요?

고의든 아니든 계약서에 약속한 내용을 제대로 지키지 못하는 경우가 많습니다. 안타깝게도 사업을 하면서 만나게 되는 거래처 중에는 고의적으로 결제를 미루거나 아예 결제를 안 하려고 작정을 한 사업자들도 있기 마련입니다.

아무리 전화를 하고 독촉을 해도 약속을 지키지 않을 경우 많은 사람들이 비교적 쉽게 선택할 수 있는 방법이 '내용증명'을 보내는 것입니다. 하지만 내용증명 자체만으로는 직접적인 법적 효력을 기대하기 어렵습니다. 내용증명은 말 그대로 계약내용을 환기시켜 주면서 약속을 이행하지 않은 것을 분명히 짚고 넘어가는 것입니다. 법적인 절차를 밟기 전에 필요한 노력을 다했다는 일종의 증거이며, 상대방에게도 마지막으로 한 번 더 약속을 지킬 수 있는 기회를 주는 것이지요.

하지만 내용증명은 상대방에게 약속을 지키지 않으면 소송이나 가압류 등 법적 조치를 당할 수 있다는 심리적 압박을 주기 때문에 어느 정도 효과가 있습니다. 또한 실제 법적 조치를 밟더라도 상대방에게 계약 위반 사실을 충분히 알렸다는 것으로 유리한 고지를 점하게 됩니다.

| 내용증명 작성 요령 |

내용증명은 계약 불이행에 대한 의사표시, 통지가 어떤 특정한 날에 행하여졌는가를 증명하는 좋은 방법이지만 간혹 너무 강도 높게 내용을 작성하면 상대방에게 오히려 거부감을 주어 역효과가 날 수도 있고, 사정상 도저히 계약을 이행할 능력이 없는 경우에는 내용증명이 별 의미가 없습니다. 따라서 내용증명을 보낼 때는 상대방의 사정을 충분히 고려하고, 너무 과격한 표현을 하지 않는 것이 좋습니다.

내용증명을 작성할 때 유의해야 할 사항은 다음과 같습니다.

❶ A4용지를 기준으로 가급적 6하원칙에 따라 전달하려는 내용을 알기 쉽게 작성합니다. 이면지, 뒷면에 낙서가 있는 종이 등은 사용할 수 없습니다.

❷ 내용증명서 상단 또는 하단 여백에 반드시 보내는 사람과 받는 사람의 주소와 성명을 기재해야 합니다.

❸ 작성된 내용증명서는 총 3부가 필요합니다(받는 사람에게 발송할 것 1부, 보내는 사람 보관용 1부, 접수우체국 보관용 1부).

❹ 내용증명서 내용 안에 기재된 보내는 사람, 받는 사람과 동일하게 우편발송용 편지봉투 1매를 작성합니다.

❺ 한번 작성된 내용증명은 작성인이라 할지라도 마음대로 고치거나 지울 수 없으며 부득이 수정해야 할 때는 내용증명서 난외여백에 그 사실을 기재하고 보내는 사람의 도장을 찍어야 합니다. 화이트나 수정액을 사용해서 수정할 수 없다는 것을 유념해야 합니다.

│ 내용 증명을 어떻게 보낼까? │

내용증명을 작성하면 가까운 우체국에 접수하면 됩니다. 내용증명서 3부와 우편발송용 봉투, 신분증 및 도장을 지참해야 합니다. 접수는 본인이 아니어도 가능하며, 신분증과 도장은 내용증명 접수과정에서 필요한 경우도 있으니 가능하면 지참하고 우체국을 방문하는 것이 좋습니다.

수수료는 내용증명수수료(기본 1천100원, 매수 추가시마다 500원씩 증가)와 우편발송요금(기본 1천170원, 중량 및 배달속도 등에 따라 달라짐)이 있습니다.

■ 내용증명 서식

내용증명서

수신 : 서울시 서초구 1640-20
가나다라 주식회사 대표 한배짱 귀하

발신 : 서울시 관악구 남현동 240번지
오매불망 대표 김공주

오매불망은 가나다라 주식회사와 2017년 1월 1일 1년 기간으로 홍보, 마케팅을 대행해주고, 매달 500만 원을 받기로 계약했습니다. 1월 31일과 2월 29일에 1월과 2월분을 받았으나 2017년 6월 1일 현재 3, 4, 5월분을 받지 못했습니다.

그 동안 본사의 대행 방식에 대해 귀사는 아무런 불만을 제기하지 않았기 때문에 결제를 미루는 정당한 사유가 없다고 판단됩니다.

이에 본사는 3, 4, 5월분에 대한 대행비를 지불해주거나 정확하게 언제 지불할 수 있을 지를 알려줄 것을 요청합니다. 이에 대한 답변을 주지 않으면 계약을 이행한 의사가 없다고 간주하고 불가피하게 법적 절차를 밟을 수밖에 없음을 알려드립니다.

2017년 6월 1일
오매불망 대표 김공주 (인)

10

민사사건 무료로
해결할 수 있는 방법은?

●

●

●

온라인 쇼핑몰을 운영하고 있는 사업자입니다. 판촉물을 팔고 있는데, 한 기업체에서 기념품으로 500만 원 상당의 판촉물을 산 후 대금결제를 차일피일 미루고 있습니다. 500만 원이면 저희 쇼핑몰로선 엄청난 금액인데 도통 줄 생각을 안 합니다. 소송을 하려 해도 비용이 비싸 배보다 배꼽이 더 클 것 같아 엄두를 내지 못하고 있습니다. 무슨 방법이 없을까요?

사업을 하다보면 크고 작은 분쟁에 휘말리는 일들이 많습니다. 임대기간이 만료돼 다른 곳으로 사업장을 옮기려고 하는데 보증금을 돌려주지 않거나, 물품 대금을 결제하지 않아 사업을 운영하는데 막대한 지장을 받기도 하고, 때로는 손해배상을 해야 할 위기에 처하기도 합니다. 또한 사업이 잘 안 돼 막대한 손실을 입어 개인회생 및 파산신청을 하려 해도 법적 절차를 밟을 수 있는 돈이 없어 속수무책으로 하늘만 보고 있어야 할 경우가 많습니다.

경제적 여건이 좋지 않은 소상공인들이 변호사비용을 비롯한 소송비용을 걱정하지 않고 민사소송을 제기해 문제를 해결할 수 있는 방법이 있습니다. 중소기업청은 대한법률구조공단을 통해 소상공인들의 상가임대차 보증금, 물품대금 미수, 손해배상 등의 분쟁, 신용불량에 따른 개인회생 및 파산 등 상행위 관련 민사소송에 대해 변호사비용, 인지대, 송달료 등 제반 소송비용을 무료로 지원하는 제도를 마련해두었습니다. 이를 '무료법률구조'라고 합니다. 다만 승소가액이 3억 원이 넘는 소송과 근로관계 대응사건은 대상에서 제외됩니다.

무료법률구조 지원대상은 2019년 적용 기준 중위소득 125% 이하인 소상공인입니다. 여기서 말하는 기준 중위소득은 국민기초생활보장법에 의거하여 기존 최저생계비를 대체하여 생계급여 최저보장수준에 활용되는 값을 말합니다. 예를 들어 2020년 기준 중위소득은 4인 가족의 경우 474만9,174원이므로 기준 중위소득 125%는 593만6,467원이 됩니다. 또한 개인회생 및 파산의 경우 사업자등록증 말소 후 6개월 이내까지만 지원됩니다.

무료법률구조는 연중 언제든지 지원을 받을 수 있습니다. 지원 절차는 먼저 대한법률구조공단(https://www.klac.or.kr/)에서 [법률구조]의 [법률 상담]에 들어갑니다. 그런 다음 전화상담 및 사이버상담을 통해 지원결정을 받아 무료법률구조를 진행할 수 있습니다.

무료법률구조 지원을 받기 위해 필요한 서류는 아래 표와 같습니다. 이 서류들을 준비해 가까운 대한법률구조공단 지부, 출장소에 제출하면 됩니다.

■ 갑과 을의 보험료 차이

구분	제출 서류
기준 중위소득 125% 이하 증빙서류	아래 서류 전부 제출 ① 주민등록표 등록(세대주와 세대원 포함) ② 건강보험자격득실확인서 또는 건강보험증 ③ 건강보험료 납부확인서 또는 건강보험료산정내역서
소상공인 확인서류	아래 서류 중 택일 ① 소상공인확인서 ② 사업자등록증 및 상시근로자 *확인서류 * 사업장가입자증명(국민연금공단) 또는 전년도원천징수이행상황신고서
기타	주장사실을 입증할 자료(계약서 등)

INDEX